COURS COMPLET DE GÉOGRAPHIE

A L'USAGE DES LYCÉES ET COLLÈGES

d'après les programmes du 2 août 1880

COLLECTION D'OUVRAGES

publiés sous la direction

DE

E. LEVASSEUR

Membre de l'Institut

CLASSES ÉLÉMENTAIRES

Classe préparatoire. — Notions préliminaires et géographie élémentaire de la France physique, par E. LEVASSEUR. 1 vol. in-12, avec vignettes et cartes coloriées dans le texte. Prix cart. . . . . 1 »

Classe de huitième. — Géographie élémentaire des cinq parties du monde. Grandes découvertes, par E. LEVASSEUR. 1 vol. in-12, avec figures. Prix cart.. . . . . » 80

Classe de septième. — Géographie élémentaire de la France, par E. LEVASSEUR. 1 vol. in-12, avec figures. Prix cart.. . . . . » 80

CLASSES DE GRAMMAIRE

Classe de sixième. — Géographie physique et politique de l'Europe, par CH. PÉRIGOT, professeur au lycée Saint-Louis, 1 vol. in-12, avec figures. Prix cart. 1 50

Classe de cinquième. — Géographie physique et politique de l'Afrique, de l'Asie, de l'Océanie et de l'Amérique, par CH. PÉRIGOT. 1 vol. in-12, avec figures. Prix cart. 1 50

Classe de quatrième. — Géographie physique et politique de la France, par CH. PÉRIGOT. 1 vol. in-12, avec figures. Prix cart. 1 50

CLASSES D'HUMANITÉS

Classe de troisième. — Géographie physique, politique et économique de l'Europe, par E. LEVASSEUR. 1 vol. in-12, avec figures. Prix cart. 4 »

Classe de seconde. — Géographie physique, politique et économique de l'Afrique, de l'Asie, de l'Océanie et de l'Amérique, par E. LEVASSEUR. 1 vol. in-12, avec figures. Prix cart. 4 »

Classe de rhétorique. — Géographie physique, historique, politique, administrative et économique de la France et de ses possessions coloniales, par E. LEVASSEUR. 1 vol. in-12, avec figures. Prix cart.. . . . . . . 6 50

— Précis de la géographie de la France et des colonies, par le même. 1 vol. in-12, cart.. . . . . 2 50

Classe de mathématiques préparatoires. — Géographie élémentaire des cinq parties du monde. 1 vol. in-12, avec figures. Prix cart. . . » »

Classe de mathématiques élémentaires. — Géographie physique, politique et économique des cinq parties du monde. 1 vol. in-12, avec figures. Prix cart.. . . . . » »

COURS COMPLET DE GÉOGRAPHIE

A L'USAGE DES LYCÉES ET DES COLLÈGES

D'après les programmes du 2 août 1880.

COLLECTION D'ATLAS

PUBLIÉS PAR

E. LEVASSEUR
Membre de l'Institut.

CH. PÉRIGOT
Professeur d'histoire et de géographie au lycée Saint-Louis.

CLASSES ÉLÉMENTAIRES

Classe de huitième. — Atlas de la Géographie élémentaire des cinq parties du monde, 9 cartes formant 1 vol. petit in-4° écu. Prix cart. . . . . . 1 »

Classe de septième. — Atlas de la Géographie élémentaire de la France, 22 cartes formant 1 vol. petit in-4° écu. Prix cart. . . . . 1 »

CLASSES DE GRAMMAIRE

Classe de sixième. — Atlas de la Géographie physique et politique de l'Europe, du Bassin de la Méditerranée et de la Géographie historique de l'Orient. 20 cart. formant 1 vol. grand in-8° jésus. Prix cart. 3 50

Classe de cinquième. — Atlas de la Géographie physique et politique de l'Afrique, de l'Asie, de l'Océanie et de l'Amérique, et de la Géographie historique de la Grèce. 15 cartes formant 1 vol. grand in-8° jésus. Prix cart. 2 50

Classe de quatrième. — Atlas de la Géographie physique et politique de la France et de la Géographie historique de l'empire romain. 20 cartes formant 1 vol. grand in-4° jésus. Prix cart. . . . . 4 »

CLASSES D'HUMANITÉS

Classe de troisième. — Deux Atlas :

1° Atlas de la Géographie physique, politique et économique de l'Europe. 34 cartes formant 1 vol. petit in-4° écu. Prix cart. . . . . 4 »

2° Atlas de la Géographie historique du moyen âge jusqu'en 1270. 16 cartes formant 1 vol. grand in-8° jésus. Prix cart. . . . . 4 »

Classe de seconde. — Deux Atlas :

1° Atlas de la Géographie physique, politique et économique de l'Afrique, de l'Asie, de l'Océanie et de l'Amérique. 32 cartes formant 1 vol. petit in-4° écu. Prix cart. . . . . 4 »

2° Atlas de la Géographie historique du moyen âge depuis 1270, et des temps modernes jusqu'en 1610. 15 cartes formant un vol. grand in-4° jésus. Prix cart. . . . . 5 »

Classe de rhétorique. — Deux Atlas :

1° Atlas de la Géographie physique, politique, administrative et économique de la France et de ses possessions coloniales. 27 cartes formant 1 vol. petit in-4° écu, Prix cart. . . . . 3 »

2° Atlas de la Géographie historique des temps modernes depuis 1610, jusqu'en 1789. 15 cartes formant 1 vol. grand in-4° jésus. Prix cart. 5 »

Classe de philosophie

Atlas de la Géographie historique. 12 cartes formant 1 vol. grand in-4° jésus. Prix cart. . . . . 5 »

Classe de mathématiques préparatoires. — Deux Atlas :

1° Atlas élémentaire de la Géographie physique et politique. 37 cartes formant 1 vol. petit in-4° écu. Prix cart. 4 50

2° Atlas de Géographie ancienne. 21 cartes formant 1 vol. grand in-4° jésus. Prix cart. 4 50

Classe de mathématiques élémentaires. — Deux Atlas :

1° Atlas de la Géographie physique, politique et économique. 93 cartes formant 1 vol. petit in-4° écu. Prix cart. . . . . 10 »

2° Atlas de la Géographie historique. 50 cartes formant 1 vol. grand in-4° jésus. Prix cart . . . . 10 »

L'ENSEIGNEMENT DE LA GÉOGRAPHIE

Collection d'ouvrages publiés par M. E. LEVASSEUR, membre de l'Institut

OU SOUS SA DIRECTION

COURS D'ÉTUDES

Pour les Lycées et les Colléges

(CLASSES DE GRAMMAIRE)

GÉOGRAPHIE

PHYSIQUE ET POLITIQUE DE L'EUROPE ET DU BASSIN DE LA MÉDITERRANEE

PAR

CH. PÉRIGOT

Professeur d'histoire et de géographie au lycée Saint-Louis.

Nouvelle édition, conforme au programme officiel du 2 août 1880.

CLASSE DE SIXIÈME

CH. DELAGRAVE

Éditeur de la Société de Géographie

15, RUE SOUFFLOT, 15

1881

PRÉFACE

Ce livre forme la première partie des cours de Géographie composés pour les classes de grammaire d'après le nouveau programme de 1880. L'auteur a donné, ainsi que le demandait avec raison le programme, des développements relativement considérables à la géographie physique, en s'attachant à caractériser de la manière la plus précise les mers, les montagnes, les fleuves dont il entretient les élèves; à éviter l'aridité d'une nomenclature par l'abondance des détails qu'il a essayé de rendre intéressants.

La géographie politique est beaucoup moins développée, l'esprit des enfants étant moins apte à comprendre des sujets plus justement réservés aux classes supérieures. Il suffit ici de leur faire connaître les grandes divisions et les principales villes de chaque pays ; ces notions générales leur serviront comme de cadres où ils placeront les détails politiques et économiques que comporte le cours de géographie de l'Europe dans les classes supérieures.

Pour la facilité de l'enseignement, ce cours a été divisé en trente-quatre leçons dont chacune embrasse un sujet bien défini. A chaque leçon nous renvoyons à la carte correspondante faisant partie de l'Atlas composé en vue de ce cours [1]. Des plans et des vues de villes, des perspectives de montagnes ont été insérés dans ce volume pour instruire les élèves en les intéressant.

Ces figures sont empruntées pour la plupart à un ouvrage que nous recommandons aux professeurs désireux de trouver des développements plus considérables: l'EUROPE (moins la France); *Géographie et statistique*, par E. Levasseur, membre de l'Institut, chez Ch. Delagrave; avec Atlas correspondant : CARTES POUR SERVIR A L'INTELLIGENCE DE L'EUROPE, par E. Levasseur et Ch. Périgot.

Les noms écrits en LETTRES CAPITALES sont ceux des pays, mers, fleuves (etc.), qui sont les plus importants; les mots écrits en *caractères italiques* désignent les objets sur lesquels on veut appeler plus particulièrement l'attention.

Sur la demande d'un certain nombre de nos collègues, nous avons fait précéder le texte de cette géographie d'un *Résumé* de chaque leçon. Par ce moyen, les élèves auront entre les mains un texte qu'il pourront *apprendre par cœur*, comme renfermant les choses indispensables à connaître; le maître aura ensuite le texte même, qui lui servira de développement pour donner à ses leçons plus d'étendue et d'intérêt.

1. Atlas de géographie historique et physique, composé d'après les nouveaux programmes officiels de 1880, pour servir à l'intelligence de l'histoire de l'Orient et à celle de la géographie physique et politique de l'Europe, par Ch. Périgot; classe de *sixième* Ch. Delagrave. 15, rue Soufflot, Paris.

RÉSUMÉ DES LEÇONS CONTENUES DANS LE CHAPITRE PREMIER

LA CONFIGURATION ET LES MERS

Résumé de la première Leçon.

L'Europe est bornée par l'OCÉAN GLACIAL au nord, l'OCÉAN ATLANTIQUE à l'ouest, la MÉDITERRANÉE et ses annexes et le CAUCASE au sud, la CASPIENNE et les monts OURALS à l'est. — Elle est située entre 36° et 71° de latitude boréale, entre 13° de longitude occidentale et 62° de longitude orientale.

Elle mesure 3,850 kilomètres du nord au sud, entre le *cap Matapan* et le *cap Nord*. Sa superficie est d'environ 10,000,000 de kilomètres carrés; c'est *la plus petite des cinq parties du monde*.

Sa configuration est celle d'un triangle dont les trois sommets seraient : au nord des monts Ourals, au cap Saint-Vincent, au cap Apcheron.

L'Europe est la plus découpée des cinq parties du monde. — Elle *diminue sans cesse de largeur à mesure qu'on s'avance du nord-est au sud-ouest*, et les bords extrêmes sont rapprochés par des mers ou des golfes; *il n'y a plus que 360 kilomètres entre le golfe du Lion et celui de Gascogne.*

Il en résulte qu'à l'*exception de la Suisse*, tous LES ÉTATS EUROPÉENS TOUCHENT A LA MER, et quelques-uns sont *baignés à la fois par l'Océan et par la Méditerranée*. De là la facilité des relations politiques ou commerciales, ces dernières aidées par des canaux creusés dans les dépressions ou abaissements que présente le sol entre ces deux mers.

Résumé de la deuxième Leçon.

L'Europe est baignée par deux Océans: l'Océan Glacial et l'Océan Atlantique; la limite conventionnelle entre les deux est le *cercle polaire arctique*.

L'Océan Glacial baigne le nord de la Norvége et de la Russie. La première est profondément découpée par des *fiords* dont l'entrée est protégée par des îles rocheuses, entre autres l'*archipel des Loffoden*.

Le climat de ces côtes est plus tempéré que celui des contrées situées à l'intérieur, à cause du courant du *Gulf-Stream* qui se fait sentir jusqu'au delà du cap Nord.

Les côtes de Russie, plus basses, sont baignées par la *mer Blanche*, gelée une partie de l'année, parce qu'elle est en dehors du courant du Gulf-Stream. Au delà s'étend la *Nouvelle-Zemble.*

L'Océan Atlantique forme au nord-est la BALTIQUE, également gelée une partie de l'année, et découpée par trois golfes profonds : le *golfe de Bothnie* au nord, le *golfe de Finlande* et le *golfe de Livonie* à l'est. — Les principales îles sont *Gottland* et *Rugen.*

La Baltique communique avec la mer du Nord par les détroits resserrés du SUND, du *grand Belt* et du *petit Belt* et par les détroits plus larges du *Cattégat* et du *Skager-Rack.* Ils séparent deux péninsules très-inégales en étendue : la *péninsule Scandinave* au nord, la presqu'île du *Jutland* au sud.

Résumé de la troisième Leçon.

L'Océan Atlantique forme encore quatre mers : la mer du Nord, la mer d'Irlande, la Manche et le golfe de Gascogne.

La MER DU NORD, profonde entre la Norvége et *l'Islande*, l'est beaucoup moins vers le sud où elle creuse le golfe du *Zuyderzée* sur les côtes de Hollande. Les prairies de ce pays sont presque partout au-dessous du niveau de la mer contre laquelle il a fallu les garantir par des digues.

La *mer d'Irlande* s'étend entre les deux plus grandes des Iles Britanniques, l'*Irlande* et la GRANDE-BRETAGNE. Le courant du Gulf-Stream entretient dans ces pays un climat humide favorable aux pâturages, et a découpé les côtes occidentales en golfes profonds qui abritent des ports excellents. Parmi les petites îles, on remarque Anglesey et *Valentia*.

La MANCHE est réunie à la mer du Nord par le détroit du *Pas-de-Calais*, large seulement de 34 kilomètres, entre Calais et Douvres; la Manche est surtout *remarquable par la hauteur des marées* entre les presqu'îles de Bretagne et de Cotentin.

Il en est de même du *golfe de Gascogne*, qui renferme en outre les plus grandes profondeurs connues dans les mers d'Europe.

La PÉNINSULE HISPANIQUE forme l'extrémité sud-ouest de l'Europe avec les caps *Saint-Vincent* et *Tarifa*.

Résumé de la quatrième Leçon.

Le DÉTROIT DE GIBRALTAR sépare l'Europe de l'Afrique et réunit l'Océan avec la Méditerranée. La forte place de Gibraltar appartient aux Anglais.

La MÉDITERRANÉE est la grande voie du commerce entre l'Europe, l'Asie et l'Afrique septentrionale.

Elle se divise en trois bassins : *Méditerranée occidentale*, *Méditerranée orientale*, *mer Noire* et ses annexes.

La Méditerranée occidentale s'étend de Gibraltar à la SICILE, très-voisine de la côte d'Afrique, et entre lesquelles se relève un plateau sous-marin couvert à peine en certains endroits de quelques mètres d'eau. Dans l'intervalle, on trouve les *Baléares*, les grandes îles de CORSE et de SARDAIGNE, séparées par les *bouches de Bonifacio;* au nord les *golfes du Lion* et de *Gênes*, et la MER TYRRHÉNIENNE, à l'ouest de l'Italie.

La Méditerranée orientale offre d'abord le rocher de MALTE, *position centrale dans la Méditerranée* et appartenant aux Anglais. Elle est à l'entrée de la MER IONIENNE, où se trouvent les plus grandes profondeurs de la Méditerranée.

La MER ADRIATIQUE, qui lui est jointe par le *canal d'Otrante*, est peu profonde au nord, à cause des sables qu'y jette le Pô. Elle se divise en *golfe de Venise* et en *golfe de Trieste*.

Les côtes orientales de ces deux mers renferment beaucoup d'îles; la principale est *Corfou*.

Résumé de la cinquième Leçon.

L'Archipel est appelé ainsi des îles nombreuses qu'il renferme : *Candie*, *Négrepont* et l'archipel volcanique des *Cyclades*. Les rivages sont très-découpés en presqu'îles : la *Morée* avec l'isthme de Corinthe, la *Chalcidique* et la *péninsule de Gallipoli*.

La mer Noire, unie à l'Archipel par le *détroit des Dardanelles*, la *mer de Marmara* et le beau *canal de Constantinople* ou *Bosphore*, forme le troisième bassin de la Méditerranée. Elle est peu profonde au nord, à cause du limon qu'y versent le Danube et le Dniéper.

La *presqu'île de Crimée*, jointe au continent par l'isthme de Pérékop, est interposée entre la mer Noire et la petite mer d'Azow, unies par le *détroit d'Iénikalé*. La mer d'Azow n'est guère qu'un marécage peu profond et gelé pendant l'hiver.

La Caspienne ne communique avec aucune autre mer. Son bassin tout entier, ainsi qu'une portion considérable du pays qui le borne au nord, forme une dépression inférieure au niveau de la Méditerranée.

RÉSUMÉ DES LEÇONS CONTENUES DANS LE CHAPITRE II

LE RELIEF DU SOL

Résumé de la sixième Leçon.

On distingue quatre espèces de terrains d'après leur altitude : les *plaines basses*, de 0 à 200 mètres ; les *plaines hautes* et les *plateaux*, de 200 à 650 ; les MONTAGNES, de 650 à 3,000 ; les RÉGIONS ALPESTRES, au-dessus de 3,000 mètres.

En Europe, les montagnes sont généralement au sud, les plateaux et les plaines au centre et au nord.

Les montagnes se divisent en *sept groupes principaux*, dont le principal est celui des ALPES.

Les ALPES sont *interposées entre l'Italie, la France, la Suisse, l'Allemagne et l'Autriche*. On les partage d'abord en trois grandes divisions géographiques : *Alpes occidentales, Alpes centrales* et *Alpes orientales*.

Les ALPES OCCIDENTALES, du col de Cadibone au massif du Saint-Gothard, se divisent elles-mêmes en quatre parties :

1° Les Alpes maritimes, du col de Cadibone au mont *Viso;*

2° Les Alpes cottiennes, du mont Viso au mont *Cenis* avec le *tunnel du Fréjus* et le *défilé du Pas-de-Suse* où les chemins de fer français se joignent aux chemins de fer italiens; cette partie de la chaîne projette à l'ouest le rameau épais des *Alpes du Dauphiné ;*

3° Les Alpes grées, du mont Cenis au mont Blanc; elles ont la forme de pointes et présentent des *glaciers,* entre autres celui de la *Galise* ou de l'*Iseran;* elles projettent à l'ouest le rameau des *Alpes de Savoie.*

Résumé de la septième Leçon.

4° Les Alpes pennines, du mont Blanc au Saint-Gothard. Le mont Blanc, *point culminant des Alpes et de toute l'Europe,* s'élève à 4,810 mètres; on rencontre ensuite le *Cervin* et le *mont Rosa* avec le *col célèbre du grand Saint-Bernard* et le col plus praticable du *Simplon.*

Les Alpes centrales vont du Saint-Gothard au pic des Trois-Seigneurs. On les divise en Alpes lépontiennes et en Alpes rhétiques.

Les Alpes lépontiennes présentent le Saint-Gothard, vaste massif dont le col ouvre la *route la plus directe entre l'Italie, la Suisse et l'Allemagne*, et qui constitue avec la Maloia *le principal partage des eaux de l'Europe;* de là coulent le Rhin, le Rhône et des affluents du Pô et du Danube. De là aussi partent les ramifications les plus importantes de toute la chaîne : les *Alpes d'Uri* qui couvrent l'est et le centre de la Suisse; surtout les *Alpes Bernoises* où se rencontrent le beau pic de la *Jungfrau* et le vaste *glacier d'Aletsch;* elles étendent leurs rameaux sur l'ouest de la Suisse, qu'on appelle l'*Oberland*, et se terminent sur la dépression du lac de Genève.

Résumé de la huitième Leçon.

C'est dans les Alpes centrales qu'on observe les phénomènes les plus remarquables de toute la chaîne.

On y distingue *trois zones végétales :* 1° les *Alpes basses* jusqu'à 1,100 mètres, où poussent les céréales et les arbres fruitiers ; 2° les *Alpes moyennes* de 1,100 à 2,800 mètres, riches d'abord en grands arbres, puis en pâturages; 3° les *Alpes hautes* comprenant la région des *neiges éternelles* où se produit le phénomène des *avalanches*.

Plus bas, de nombreux *glaciers* alimentent les sources des fleuves; ils donnent aussi naissance à de belles cascades ou remplissent les lacs étagés aux flancs des Alpes : au sud les lacs *Majeur*, de *Côme* et de *Garde;* au nord les lacs *de Genève*, des *Quatre-Cantons* et de *Constance*.

Les ALPES RHÉTIQUES présentent les masses de la *Bernina,* des *Trois-Seigneurs* et le *col du Brenner* où passe un chemin de fer entre l'Autriche et l'Istrie. Elles projettent au nord-est le rameau des *Alpes noriques* jusqu'aux environs de Vienne.

Les ALPES ORIENTALES, entre le pic des Trois-Seigneurs et l'Istrie, divisées en *Alpes carniques* et *Alpes juliennes*, constituent *la partie la plus basse de la chaîne*. On y remarque le col d'Adelsberg où passe le chemin de fer de Vienne à Trieste.

Résumé de la neuvième Leçon.

Les APENNINS forment la prolongation méridionale des Alpes, du nord-ouest au sud-est de l'Italie. On les divise en trois parties :

1° L'APENNIN SEPTENTRIONAL, du col de Cadibone aux sources du Tibre, descend au nord vers la belle PLAINE DE LOMBARDIE cultivée en céréales et plantée de mûriers et de vignes ; au sud il projette *le plateau de Toscane* riche en marbres, et se termine par la *plaine insalubre des Maremmes*.

2° L'APENNIN CENTRAL, de la source du Tibre à celle du Vulturne, renferme dans le massif des *Abruzzes* le GRAN SASSO D'ITALIA, *point culminant de la chaîne* (2,900 m.) ; il envoie au sud l'*Apennin romain* surmonté de volcans éteints dont les cratères sont transformés en lacs circulaires, entre autres *le lac de Pérouse* ; au pied s'étend la plaine pestilentielle des *Marais Pontins*.

3° L'APENNIN MÉRIDIONAL, du Vulturne au cap Spartivento, sépare deux belles plaines fertiles : celle de *Campanie* à l'ouest, celle de la *Pouille* à l'est. Il renferme aux environs de Naples un terrain tout volcanique où se trouvent le VÉSUVE et la *Solfatare*.

Les mêmes phénomènes se rencontrent dans l'ETNA de Sicile, beaucoup plus élevé, et dans le cône de *Stromboli*, l'une des îles Lipari.

Résumé de la dizième Leçon.

Les ALPES HELLÉNIQUES forment le prolongement oriental des Alpes en Turquie et en Grèce.

On les appelle d'abord *Alpes dinariques,* puis massif du TCHAR-DAGH continué par les montagnes du *Pinde* qui couvrent toute la Grèce centrale ; en Morée, le *plateau d'Arcadie* projette les cinq pics du *Taygète*.

Du Tchar-Dagh se sépare à l'est le *Balkan* couronné de forêts épaisses, dernière défense de Constantinople. Il sépare les deux principales plaines de la péninsule hellénique, la *plaine d'Andrinople*, et la grande PLAINE DE ROUMANIE admirablement fertile en céréales.

Cette plaine est bornée au nord par les CARPATHES formant avec les MONTS DE L'ALLEMAGNE CENTRALE le *deuxième groupe des montagnes européennes;* elles se divisent en deux parties :

1° Les *Carpathes orientales*, projetant au nord le *plateau de Transylvanie* couronné de belles forêts ;

2° Les *Carpathes occidentales*, plus élevées au nord et riches en métaux. Elles limitent la PLAINE DE HONGRIE qui produit des céréales, contient de beaux vignobles et d'immenses pâturages.

Résumé de la onzième Leçon.

Le PLATEAU DE BOHÊME est enfermé entre quatre chaînes de montagnes ayant la *forme d'un quadrilatère*. Ce sont les *Sudètes* au nord, les *monts Métalliques* à l'ouest, les *monts de la forêt de Bohême* au sud, le *plateau de Moravie* à l'est. Ils n'offrent qu'un seul passage aux eaux, le défilé ouvert par lequel s'écoule l'Elbe au nord.

Les monts Métalliques et ceux de la forêt de Bohême sont unis par le nœud du *Fichtel-Gebirge* d'où partent les chaînes de l'Allemagne :

1° Au nord-ouest, les *monts de Franconie* et de *Thuringe*, auxquels se rattachent le HARZ riche en métaux, et le TAUNUS fertile en vignobles;

2° Au sud-ouest, le *Jura franconien* et les *Alpes de Souabe*, rebord occidental du plateau de Bavière qui forme les dernières pentes des Alpes au nord. La FORÊT-NOIRE descend en pente vers le Rhin et est riche en eaux minérales.

Au nord de ces chaînes s'étend la vaste plaine DES PAYS-BAS ET DE LA BASSE-ALLEMAGNE, marécageuse à l'ouest, sablonneuse au centre et remplie à l'est de vastes forêts.

Résumé de la douzième Leçon.

Les montagnes de France sont les suivantes :

1° Le JURA, formé de plusieurs chaînes parallèles entre France et Suisse et divisé en *Jura méridional* où se trouve le point culminant, le *Crêt de la Neige* (1,723 m.), en *Jura central* et en *Jura septentrional;*

2° Les VOSGES, séparées du Jura par la *Trouée de Belfort.* Leurs sommets sont arrondis en ballons, entre autres le *ballon de Guebwiller*, le point culminant (1,426 m.);

3° Les *monts Faucilles*, qui projettent au nord l'*Argonne*, puis les *Ardennes*, plateaux boisés et de faible hauteur;

4° Le *plateau de Langres* et la *Côte-d'Or*, d'où se sépare à l'ouest le massif boisé du *Morvan;*

5° Les CÉVENNES, la principale chaîne intérieure de la France; point culminant, le *Mézenc* (1,754 m.). Elles projettent à l'ouest le MASSIF CENTRAL, réunion de chaînes volcaniques dont la principale est celle des MONTS D'AUVERGNE, volcans éteints dont les sommets sont appelés *Dômes* ou *Puys*. Les principaux sont : le *Puy de Sancy*, le plus élevé (1,886 m.), et le *Plomb du Cantal,* le plus étendu à la base.

Les Cévennes se terminent au sud vers le *col de Naurouze*, élevé seulement de 191 m. au-dessus de la Méditerranée.

Résumé de la treizième Leçon.

Les PYRÉNÉES forment avec les CHAÎNES DE L'ESPAGNE le *troisième groupe des montagnes européennes*.

Les PYRÉNÉES se dirigent en *une ligne presque droite* du cap *Creus* au cap *Finisterre*.

Elles se partagent en *Pyrénées hispano-françaises* et en *Pyrénées espagnoles.*

Les premières se subdivisent en trois parties : 1° les PYRÉNÉES ORIENTALES, du cap Creus au pic de *Corlitte;* 2° les PYRÉNÉES CENTRALES, du pic de Corlitte au mont *Cylindre;* c'est la partie la plus haute et la plus épaisse de la chaîne, avec le *point culminant du Néthou* (3,404 m.), et des cols ou *ports* plus élevés et plus difficiles que ceux des Alpes; 3° les PYRÉNÉES OCCIDENTALES où sont les plus grandes beautés naturelles, *cascade de Gavarnie*, *brèche de Roland*, etc. Elles s'abaissent au *col de Goritty* où passe le seul chemin de fer construit jusqu'à ce jour entre la France et l'Espagne.

Les *Pyrénées espagnoles,* moins élevées, se partagent en *monts Cantabres*, *Pyrénées des Asturies* et de *Galice.*

Au sud des Pyrénées s'étendent les *plateaux des Castilles*, hautes plaines arides qui constituent le centre de l'Espagne, et sont coupées par de longues chaînes, la *Guadarrama* au nord, la *Sierra-Morena* au sud. L'extrémité méridionale de la péninsule se relève dans les hautes cimes de la SIERRA-NEVADA, où le MULAHACEN (3,554 m.) est plus élevé que le point culminant des Pyrénées.

Résumé de la quatorzième Leçon.

Les quatre autres groupes des montagnes européennes n'offrent aucune liaison avec les Alpes, les Carpathes et les Pyrénées.

Les CHAÎNES DES ILES-BRITANNIQUES comprennent les *Grampians* en Écosse, les *Cheviot* entre l'Écosse et l'Angleterre, la *chaîne Pennine* et les *monts du pays de Galles* avec le *Snowdon*.

Les Grampians séparent l'Écosse en *hautes terres* au nord, en *basses terres* au sud. Le sol de l'Angleterre est plat au centre et s'abaisse vers la mer du Nord.

Il en est de même de l'Irlande dont le centre est rempli de lacs; les hauteurs se trouvent au nord et au sud-ouest.

L'*Islande* est couverte au contraire de montagnes élevées; plusieurs sont des volcans actifs, entre autres l'*Hékla;* elle renferme en outre des *geysers*, ou sources d'eau bouillante.

Les ALPES SCANDINAVES, étendues sur une grande longueur entre la Suède et la Norvége, sont appelées aussi *Dofrines*, du nom de *monts Dovrefiels* que porte leur partie centrale, la plus élevée (point culminant, le *Schnéehœttan*, 2,500 m.). Elles sont riches en bois, en fer et en cuivre.

Elles se continuent au nord-est par le *plateau*

de Finlande, sol granitique semé de lacs sans nombre.

Résumé de la quinzième Leçon.

La Russie renferme à ses extrémités deux chaînes de nature bien différente : l'Oural et le Caucase.

L'Oural, très-étendu du nord au sud, est médiocrement élevé, surtout au centre où le *défilé d'Ékaterinenbourg*, le principal passage entre l'Europe et l'Asie, *n'a guère que* 260 *mètres d'altitude;* il projette à l'ouest un plateau pierreux encore plus bas, l'*Uvalli*.

Le *plateau de Valdaï* n'est guère plus élevé, 350 mètres : mais *il forme*, *après les Alpes*, *le plus important point de partage des eaux de l'Europe* entre la mer Blanche, la Baltique, la mer Noire et la Caspienne.

La Russie constitue par excellence la grande plaine de l'Europe orientale, divisée en *région des forêts* au nord, *plaine du terreau noir* admirablement fertile en céréales au centre, en *steppes* ou pâturages immenses au sud.

Le Caucase offre un pic plus élevé que le mont Blanc, l'Elbrouz (5,009 m.). La chaîne s'ouvre vers le centre par le *défilé de Dariel* entre l'Europe et l'Asie.

RÉSUMÉ DES LEÇONS CONTENUES DANS LE CHAPITRE III

LES EAUX

Résumé de la seizième Leçon.

Les eaux de l'Europe s'écoulent dans deux grandes directions différentes; de là le VERSANT DE L'OCÉAN ATLANTIQUE et de l'Océan Glacial au nord-ouest, le VERSANT DE LA MÉDITERRANÉE et de la Caspienne au sud-est.

Ils sont séparés par LA LIGNE GÉNÉRALE DE PARTAGE DES EAUX, formée à l'ouest et au centre de *grandes chaînes* comme la Sierra-Nevada, les Pyrénées et les Alpes, ou de *chaînes secondaires* et de *hauts plateaux*, comme les Cévennes, le Jura, le plateau de Bohême, à l'est de *plateaux inférieurs* et *de plaines hautes* comme le Valdaï et l'Uvalli.

Les versants se divisent en *bassins de mer;* on en distingue *sept* en Europe, trois dans le versant du sud-est, quatre dans le versant du nord-ouest.

Le BASSIN DE LA CASPIENNE est très-étendu, mais peu important à cause de l'isolement de cette mer. Il reçoit l'*Oural* et le Volga.

Le Volga est le *plus grand fleuve de l'Europe.* Sorti du plateau de Valdaï, il coule de l'ouest à l'est jusqu'à Kazan, puis du nord au sud jusqu'à Tsaritzin, enfin du nord-ouest au sud-est jusqu'à *Astrakan* où son embouchure est encombrée de bancs de sable.

Ses principaux affluents sont l'*Oka* et la *Kama.*

Résumé de la dix-septième Leçon.

Le bassin de la mer Noire et de la mer d'Azow est le plus étendu de l'Europe.

Il reçoit quatre fleuves principaux :

1° Le *Don*, coulant dans la plaine du terreau noir jusqu'au coude par lequel il se rapproche du Volga, puis dans la région des steppes jusqu'à *Azow* où son delta est couvert de sables et de roseaux.

2° Le Dniéper, coulant du nord au sud, large et profond par *Kiew* jusqu'à Alexandrowsk où la navigation est interrompue par des *cataractes.* Plus bas il s'élargit encore, mais perd de sa profondeur à mesure qu'il s'avance vers la mer Noire au-dessous de *Kherson.* Il reçoit la *Bérézina* et le Prypet qui traverse les marais les plus considérables de l'Europe.

3° Le *Dniester* est également peu profond vers

son embouchure à cause des sables qu'il charrie.

4° Le DANUBE, le *second fleuve d'Europe par sa longueur*, traverse l'Allemagne du Sud par Ratisbonne et VIENNE, entre ensuite dans la plaine de Hongrie à Pesth jusqu'au défilé des *Portes-de-Fer* où il est resserré entre les Carpathes et les Balkans. Il pénètre alors dans la plaine de Roumanie et au-dessous de *Galatz* il se divise en trois branches; celle du centre, la *Soulina*, a été améliorée par les soins de la commission européenne de Galatz.

Le Danube reçoit à droite l'*Inn*, la *Drave* et la Save; à gauche l'Altmuhl et la *Theiss*. Par l'Altmuhl le *canal Louis* l'unit au Mayn, affluent du Rhin, *ce qui joint la mer Noire avec la mer du Nord*.

Résumé de la dix-huitième Leçon.

Le BASSIN DE LA MÉDITERRANÉE reçoit des fleuves de moindre étendue, parce que les Balkans, les Alpes, les Pyrénées et la Sierra-Nevada sont voisines de la mer. Mais il a une grande importance commerciale, surtout depuis l'*ouverture du canal de Suez entre la Méditerranée et l'Océan Indien.*

Le bassin oriental reçoit : dans l'Archipel, la *Maritza;* dans l'Adriatique, l'*Adige* et le Pô. Sorti du mont Viso, le Pô traverse la plaine de Lombardie, grossi par un grand nombre d'affluents, et se termine par un delta marécageux entouré de lagunes, au nord les *lagunes de Venise.*

Le bassin occidental reçoit : le *Tibre,* l'*Arno*, le Rhône. Sorti du massif du Saint-Gothard, il traverse le lac de Genève, arrive à *Lyon*, où il reçoit la Saône, de là se précipite à la mer, où il arrive par deux bouches en formant le delta de la *Camargue.*

L'*Aude* sortie des Pyrénécs orientales est réunie par le *canal du Midi* à la Garonne, ce qui fait *communiquer le golfe du Lion avec le golfe de Gascogne.*

L'Èbre traverse la plaine d'Aragon, la plus étendue de l'Espagne septentrionale.

Résumé de la dix-neuvième Leçon.

Le bassin de l'Atlantique proprement dit s'étend de Gibraltar au nord-ouest de l'Écosse. Il est depuis trois siècles *le plus important de l'Europe* par le commerce avec l'Amérique et les Indes; les fleuves qu'il reçoit arrosent près de leur embouchure les plus grandes places de commerce.

Ces fleuves sont : le *Guadalquivir* finissant au-dessous de Séville, le Tage à *Lisbonne*. le *Douro*, le *Minho*, la GIRONDE au-dessous de *Bordeaux*, la Charente, la LOIRE au-dessous de *Nantes* à Saint-Nazaire, la SEINE au *Havre*, la *Severn* à Bristol, la MERSEY à LIVERPOOL, la CLYDE au-dessous de GLASGOW, le Shannon en Irlande.

Le BASSIN DE LA MER DU NORD *n'est pas moins important* et pour les mêmes raisons. Il reçoit :

La TAMISE au-dessous de LONDRES, l'*Humber* à *Hull*, l'*Escaut* au-dessous d'*Anvers*, la *Meuse* au-dessous de *Rotterdam*, le RHIN. Sorti du Saint-Gothard, ce fleuve traverse le lac de Constance et tourne à l'ouest jusqu'à *Bâle;* là, resserré par le Jura et les Alpes de Souabe, il coule au nord entre les Vosges et la Forêt-Noire jusqu'à *Mayence*, puis au nord-ouest par *Cologne*, ensuite en Hollande où il se divise en quatre bras, *Yssel*, *Wahal* *Leck* et *Vieux-Rhin*. Ses principaux affluents sont le *Mayn* et la *Moselle*.

Le *Weser* débouche au-dessous de *Brême*, l'*Elbe* au-dessous de HAMBOURG, la plus grande place de commerce de l'Allemagne.

Résumé de la vingtième Leçon.

Le BASSIN DE LA BALTIQUE a beaucoup moins d'importance, étant gelé une partie de l'année, et présentant des côtes basses et sablonneuses, où les fleuves débouchent au milieu de vastes lagunes. Mais nulle part les communications ne sont plus faciles à l'intérieur par canaux, à cause de la nature plate du terrain, et de l'abondance des cours d'eau et des lacs.

Les fleuves sont : l'*Oder* se jetant au-dessous de *Stettin*, la VISTULE à *Danzig*, le Niémen, la *Duna* à *Riga*, la NÉVA à *Saint-Pétersbourg*, après avoir reçu les vastes lacs LADOGA, le plus grand de l'Europe, *Onéga* et *Ilmen;* au nord la *Tornéa,* à l'ouest la Pitéa, l'Uméa et le *Dal* qui descendent des Alpes scandinaves.

Le BASSIN DE L'OCÉAN GLACIAL a encore moins d'importance à cause de la rigueur du climat. Le fleuve principal est la *Dwina*, débouchant à *Arkhangel* dans la mer Blanche, et jointe par des canaux à la Néva et au Volga, et qui *réunit la mer Blanche à la Baltique et à la Caspienne.*

RÉSUMÉ DES LEÇONS CONTENUES DANS LE CHAPITRE IV

GÉOGRAPHIE POLITIQUE.

Résumé de la vingt et unième Leçon.

L'Europe est divisée en quinze États souverains répartis entre quatre régions géographiques :

Au nord-ouest : France, Iles-Britanniques, Pays-Bas, Belgique ;

Au centre : Allemagne, Autriche-Hongrie, Suisse ;

Au sud : Portugal, Espagne, Italie, Grèce, Turquie ;

Au nord-est : Russie, Suède et Norvége, Danemark.

Les ILES-BRITANNIQUES comprennent la GRANDE-BRETAGNE, l'IRLANDE, les Orcades, les Shetland, les Hébrides, Man et *Anglesey*, les Sorlingues, Wight et les îles normandes, *Jersey*, Guernesey et Aurigny.

Elles se divisent en trois royaumes : l'ANGLETERRE avec la *principauté de Galles*, l'ÉCOSSE, l'IRLANDE.

Capitale : LONDRES sur la Tamise, la ville la plus peuplée et la plus commerçante de l'univers ; monuments : cathédrale de Saint-Paul, abbaye et palais de Westminster.

Autres villes : *Liverpool* et *Manchester*, pour le commerce du coton; *Birmingham* pour celui du fer; *Southampton*, *Hull,* Douvres et Folkstone, ports de mer.

En Écosse : *Édimbourg* la capitale ; GLASGOW, industrie du fer et du coton.

En Irlande : *Dublin* la capitale ; *Belfast,* industrie du coton et du lin.

Résumé de la vingt-deuxième Leçon.

Le royaume DES PAYS-BAS OU DE HOLLANDE a pour capitales AMSTERDAM et *la Haye;* la première bâtie sur le Zuyderzée et la place la plus commerçante, la seconde résidence du gouvernement. Autres villes : *Rotterdam* sur la Meuse, Utrecht sur le Rhin.

Le roi des Pays-Pas gouverne aussi le GRAND-DUCHÉ DE LUXEMBOURG, État indépendant tout à fait distinct du royaume; cap. *Luxembourg*.

Le royaume de BELGIQUE, divisé en 9 provinces, a pour capitale BRUXELLES; v. p. *Anvers*, sur l'Escaut, très-grand port de commerce;

Gand, industrie du coton; *Liége*, travail du fer pour les armes et les machines.

Résumé de la vingt-troisième Leçon.

L'EMPIRE D'ALLEMAGNE est une confédération de 26 États que dirige le roi de Prusse avec le titre d'empereur.

La PRUSSE est l'État de beaucoup le plus considérable de l'Allemagne. Elle comprend aujourd'hui onze provinces.

Villes principales : BERLIN, capitale de la Prusse et de l'Allemagne, dans la province de Brandebourg; *Danzig* dans la Prusse propre; *Breslau* en Silésie; *Hanovre*, jadis capitale de l'ancien royaume de ce nom; *Francfort-sur-le-Mayn*, ancienne ville libre; *Cologne* et *Trèves* dans la partie occidentale, appelée province du Rhin ou *Prusse rhénane*.

Résumé de la vingt-quatrième Leçon.

Après la Prusse, les principaux États de l'empire d'Allemagne sont : le royaume de BAVIÈRE, le plus considérable des États secondaires, capitale *Munich*; ceux de SAXE, cap. *Dresde*, et de WURTEMBERG, cap. *Stuttgard*.

Le grand-duché de BADE, cap. *Carlsruhe*; celui de HESSE, cap. *Darmstadt;* ceux de MECKLEMBOURG sur la Baltique, cap. *Schwérin* et Strélitz.

Les petits duchés de Saxe au centre; le principal est celui de SAXE-WEIMAR, cap. *Weimar.*

Les trois villes libres de *Lubeck* sur la Baltique, de *Brême* sur le Weser, de HAMBOURG sur l'Elbe, la plus grande place de commerce de l'Allemagne.

Enfin l'ALSACE-LORRAINE enlevée à la France : cap. STRASBOURG; v. p. *Metz* et *Mulhouse.*

Résumé de la vingt-cinquième Leçon.

La SUISSE ou CONFÉDÉRATION HELVÉTIQUE est composée de 22 cantons. Placée entre la France, l'Italie, l'Allemagne et l'Autriche, *elle forme un pays neutre*, comme la Belgique.

Les principaux cantons sont : au sud, ceux du *Tésin*, du *Valais*, de *Vaud* et de GENÈVE, grand commerce d'horlogerie;

A l'ouest, *Neufchâtel* et *Fribourg ;*

Au centre, Berne le plus grand canton, chef-lieu BERNE, capitale fédérale de la Suisse; *Lucerne;* et les trois petits *cantons libérateurs* de *Schwitz*, *Uri* et *Unterwalden ;*

A l'est, les *Grisons* et *Saint-Gall;*

Au nord, *Thurgovie*, *Zurich* et *Bâle.*

Résumé de la vingt-sixième Leçon.

L'EMPIRE D'AUTRICHE se compose aujourd'hui de deux parties politiques distinctes pour leur administration, quoique gouvernées par le même souverain, les quatorze PROVINCES DE LA COURONNE D'AUTRICHE et les quatre provinces du ROYAUME DE HONGRIE.

Les premières ont pour villes principales : VIENNE, capitale de l'empire, sur le Danube, belle cathédrale de Saint-Étienne; *Prague* en Bohême; *Brunn* en Moravie; *Grœtz* en Styrie; *Trieste* en Istrie, grand port de commerce sur l'Adriatique; *Cracovie* dans la province de Galicie, portion de la Pologne usurpée par l'Autriche.

Le royaume de Hongrie comprend la HONGRIE propre, villes principales *Bude* et PESTH ; les provinces de *Transylvanie* et de *Croatie-Esclavonie*.

Résumé de la vingt-septième Leçon.

La péninsule hispanique renferme deux États, le Portugal et l'Espagne.

Le PORTUGAL, moins étendu, est situé à l'ouest. Capitale : LISBONNE à l'embouchure du Tage ; villes principales : *Porto* sur le Douro, et *Coïmbre*, université.

L'ESPAGNE, beaucoup plus considérable, est divisée en 49 provinces civiles. Capitale : MADRID, au centre du plateau de la Nouvelle-Castille; v. pr. : *Pampelune* en Navarre, *Saragosse* en en Aragon, BARCELONE la plus grande ville industrielle sur la Méditerranée; *Valence* célèbre par la fertilité de ses environs; *Grenade*, *Séville*, *Cordoue* dans l'Andalousie; *Cadix* la plus grande place de commerce au sud,

La forte place de GIBRALTAR, sur le détroit, appartient à l'Angleterre.

Résumé de la vingt-huitième Leçon.

Le ROYAUME D'ITALIE n'existe sous ce nom que depuis 1861 et comprend aujourd'hui *toute la péninsule* avec les grandes îles de *Sicile* et de *Sardaigne*. (Celle de Corse appartient à la France.) Il est divisé en 69 provinces réparties entre 9 grandes régions :

Villes princ. : ROME sur le Tibre, capitale du royaume d'Italie depuis 1871, et en même temps résidence du Pape qui n'y exerce plus que l'autorité spirituelle. Monuments anciens : le *Colysée* et le *Panthéon;* monuments modernes : la *basilique de Saint-Pierre* et le palais du Vatican.

Turin et *Gênes* dans le Piémont, *Milan* dans la

Lombardie; VENISE, ancienne république célèbre, bâtie sur 80 îles dans les lagunes; FLORENCE, *Pise* et Livourne dans l'ancienne Toscane; NAPLES dans la Campanie, voisine du Vésuve; *Palerme* et *Messine* en Italie; Cagliari en Sardaigne.

Au sud de la Sicile, la forte place de *Malte* appartient à l'Angleterre.

Résumé de la vingt-neuvième Leçon.

Le ROYAUME DE GRÈCE n'est indépendant des Turcs que depuis 1829; il se divise en 13 provinces.

Cap. : ATHÈNES, dans l'Attique avec le port du Pirée; monuments anciens : le *Parthénon* et les *Propylées* sur l'Acropole : vil. pr. : *Nauplie, Patras* et *Sparte* dans la Morée.

Deux groupes d'îles : les *Cyclades* dans l'Archipel, et les *îles Ioniennes* dont la principale est Corfou.

La TURQUIE comprend deux parties politiques distinctes : les *provinces directes* et les *principautés tributaires*.

Cap. : CONSTANTINOPLE dans une admirable position sur le Bosphore, entre l'Europe et l'Asie; beau port de la *Corne d'or*, faubourgs commerçants de *Péra* et de *Galata*.

Villes principales : *Andrinople*, Salonique et Silistrie.

La principauté tributaire est la BULGARIE, cap. *Tirnova*.

Les principautés de ROUMANIE, cap. *Bukarest*, de SERVIE, cap. *Belgrade*, et de *Monténégro* sont aujourd'hui des États tout à fait indépendants.

Résumé de la trentième Leçon.

L'EMPIRE DE RUSSIE est *le plus vaste État de l'Europe dont il occupe près de la moitié*.

Cap. *Saint-Pétersbourg* à l'ouest sur la Baltique, bâtie par Pierre le Grand. Beaux monuments, palais impériaux, église de Saint-Isaac.

Villes princip. : Moscou, l'ancienne capitale avec la forteresse du Kremlin prise par les Français en 1812 et brûlée par les Russes; *Kiev* au centre des provinces fertiles du terreau noir; *Varsovie*, capitale de l'ancienne Pologne ; *Odessa* et *Sébastopol*, l'une le plus grand port de commerce, l'autre la plus forte place de la mer Noire; *Astrakan* à l'embouchure du Volga dans la Caspienne; *Tiflis*, dans la Caucasie.

Résumé de la trente et unième Leçon.

Les ROYAUMES DE SUÈDE ET DE NORVÈGE sont gouvernés par le même souverain, mais distincts pour leur administration.

La SUÈDE est divisée en 24 provinces réparties entre la *Gothie* au sud, la *Suède propre* au centre, le *Nordland* au nord. Capitale : STOCKHOLM sur la Baltique ; v. pr. : *Goteborg* à l'ouest.

La Norvége comprend également trois grandes régions géographiques : *Sondenfields*, *Nordenfields* et *Nordlanden*. Cap. . CHRISTIANIA ; v. pr. ; *Bergen* et *Drontheim*.

Le ROYAUME DE DANEMARK, dépouillé par la Prusse de trois provinces, ne possède plus que la presqu'île de *Jutland* et l'*archipel danois* formé de *Séeland*, *Fionie*, etc. Cap. : COPENHAGUE sur le Sund ; v. pr. : *Elseneur*.

Du Danemark dépend l'*Islande,* ch.-l. Reikiavik.

Résumé de la trente-deuxième Leçon.

L'Asie Mineure est une péninsule bornée au S. par la MÉDITERRANÉE propre où l'on remarque l'île de Chypre ; à l'O. par l'ARCHIPEL avec l'île de Rhodes, par les *détroits des Dardanelles* et de *Constantinople* ou *Bosphore* entre lesquels s'élargit la *mer de Marmara;* au N. par la MER NOIRE.

Elle tient à la masse de l'Asie du côté de l'Orient par les chaînes du TAURUS et de l'*Anti-Taurus* au nord et à l'ouest. Entre ces deux chaînes s'étend un *plateau* dominé à l'E. par la masse du mont ARGÉE, renfermant au centre des *lacs salés*, et des steppes; au N. de bons pâturages; à l'O. des vallées fertiles.

Ces vallées sont celle du *Kizil-Ermak* au N. et celles du *Sarabat* et du *Mendérès* à l'O. Ces fleuves ne sont pas navigables à cause des terrains montueux qu'ils parcourent.

L'Asie Mineure appartient aux Turcs depuis le XIVe siècle. Les principales villes sont sur les côtes, au débouché des vallées: au N. *Trébizonde* et *Sinope* sur la mer Noire : à l'O. *Brousse* et *Smyrne;* dans l'Orient, *Angora* au N. et *Konieh* au S. près des défilés du Taurus.

Chypre est gouvernée par l'Angleterre qui exerce ainsi la principale influence politique et commerciale dans l'Asie Mineure.

Résumé de la trente-troisième Leçon.

La Syrie est bornée au N. par le *golfe d'Alexandrette* et le Taurus; à l'E. et au S. par le *désert de Syrie*; à l'O. par la MÉDITERRANÉE dont la côte presque droite présente le promontoire élevé du *Carmel.*

Elle est parcourue par les deux chaînes parallèles du LIBAN et de l'*Anti-Liban* couvertes de forêts de mûriers et de beaux pâturages.

On y distingue trois régions naturelles : à l'O. le LITTORAL avec les villes de *Beyrouth*, *Sidon*, *Tyr* et *Gaza;* au centre les VALLÉES de l'*Oronte* coulant au N. et du *Jourdain* se perdant au S. dans la MER MORTE, v. pr. *Jérusalem;* à l'E. le PLATEAU ORIENTAL, avec les villes importantes de *Damas* et d'*Alep* et l'*oasis de Palmyre* vers l'Euphrate.

L'Égypte, proprement dite, est bornée au N. par la MÉDITERRANÉE ; à l'E. par l'*isthme de Suez* et la MER ROUGE ; au S. par la *première cataracte* du Nil ; à l'E. par le *désert de Libye.*

Le NIL est resserré jusqu'au Caire entre le *désert de Libye* à l'O. et la *chaîne arabique* à l'E. Il se divise ensuite entre les *branches de Damiette* et de *Rosette* qui enferment le *Delta* fertile en céréales, en coton et en cannes à sucre.

Ce pays forme une VICE-ROYAUTÉ, tributaire du sultan des Turcs. Elle comprend, outre l'*Égypte propre*, la *Nubie*, le *Soudan Égyptien* jusqu'aux grands lacs et les *côtes de la mer Rouge.*

Cap. LE CAIRE ; v. pr. *Alexandrie*, le principal centre du commerce de la région.

Le CANAL de Suez creusé à travers l'isthme,

par M. de Lesseps, depuis *Suez* dans la mer Rouge jusqu'à *Port-Saïd* dans la Méditerranée, est la grande voie du commerce entre la Méditerranée et l'Orient.

Résumé de la trente-quatrième Leçon.

La côte de Berbérie se divise en Tripolitaine à l'E. et en région de l'Atlas à l'O.

La Tripolitaine s'étend de l'Égypte au golfe de Gabès sur un rivage sablonneux découpé par les *golfes de Gabès* et de la *Sidre*. C'est l'ancien pays des *Syrtes*. Il ne renferme qu'un espace fertile parce qu'il est élevé, le *plateau de Barkah* l'ancienne Cyrénaïque.

Le PACHALIK DE TRIPOLI est une province directe de l'empire ottoman. Cap. *Tripoli*; v. pr. Mourzouk dans le Fezza.

La région de l'Atlas appelée aussi région du *Maghreb* ou de l'Occident, s'étend du golfe de Gabès à l'océan Atlantique. Le massif de l'Atlás comprend de hauts plateaux bordés par des montagnes : l'*Atlas Tellien* ou le petit et le moyen Atlas au nord, l'Atlas Saharien ou grand Atlas au Sud. Ce dernier renferme le point culminant le Miltsin.

L'Atlas partage le pays en trois régions naturelles : le *Tell* ou les vallées fertiles du Nord, arrosées par la Nedjerdah et le cours inférieur du Chéliff et produisant les céréales, le coton et les forêts ; au centre les *plateaux*, région des pâturages où les eaux se réunissent dans des *Chotts* ou lacs intermittents ; au sud le *Sahara* avec les *oasis* rendues fertiles par des sources souterraines et plantées de dattiers.

On distingue dans la région de l'Atlas trois pays politiques : à l'est la TUNISIE (ancienne province romaine d'Afrique), gouvernée par un *bey* vassal des Turcs ; cap. *Tunis*, près des ruines de Carthage ;

Au centre, l'ALGÉRIE (ancienne Numidie), possession française depuis 1830 et divisée en trois départements : *Constantine*, ALGER, et *Oran* ;

A l'ouest, l'État indépendant du MAROC (ancienne Mauritanie) ; cap. *Fez* ; v. pr. *Maroc* au sud et Tanger au nord, sur le détroit de Gibraltar.

GÉOGRAPHIE
PHYSIQUE ET POLITIQUE
DE L'EUROPE

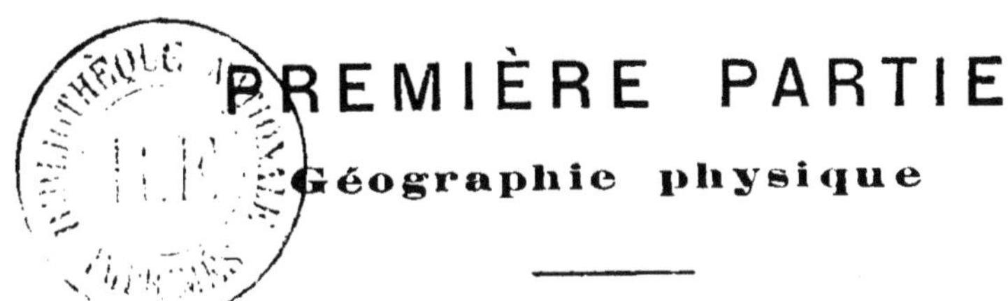

PREMIÈRE PARTIE
Géographie physique

CHAPITRE Ier

LA CONFIGURATION ET LES MERS [1].

PREMIÈRE LEÇON.

1. Les limites et les dimensions. — L'Europe est bornée au nord par l'OCÉAN GLACIAL ; à l'ouest par l'OCÉAN ATLANTIQUE ; au sud par le DÉTROIT DE GIBRALTAR, la MÉDITERRANÉE, l'Archipel, le *détroit des Dardanelles*, la mer de Marmara, le *Bosphore* ou canal de Constantinople, la MER NOIRE et le CAUCASE ; à l'est par la MER CASPIENNE, le fleuve Oural et les MONTS OURALS.

Elle est *située tout entière dans l'hémisphère boréal*, c'est-à-dire au nord de l'Equateur, entre le 36e degré de latitude à la pointe de Tarifa (Détroit de Gibraltar) et le 71e au *cap Nord* (point extrême de la Norvége). Comme on se sert en France pour déterminer les longitudes du méridien qui passe par Paris situé beaucoup plus à

1. Voir pour cette leçon et les suivantes, la carte 1re : EUROPE, *Carte des Eaux*, et, pour certains détails des caps (etc.), la carte 2e : EUROPE, *Carte de relief du sol*.

l'ouest qu'à l'est de l'Europe, il s'en suit que cette partie du monde est divisée entre les deux longitudes, mais d'une façon très-inégale, entre 13° de longitude occidentale (à la pointe ouest de l'Islande) et 62° de longitude orientale (à l'extrémité nord des monts Ourals).

Dans ces limites, elle a les dimensions suivantes : *environ* 3,850 *kilomètres dans sa plus grande longueur* du cap Nord au cap Matapan (sud de la Grèce); et 5,500 *kilomètres dans sa plus grande largeur* mesurée en diagonale du cap Saint-Vincent (sud-ouest du Portugal), jusqu'au nord des monts Ourals.

Sa SUPERFICIE est *d'un peu plus de dix millions de kilo mètres carrés.* C'est la plus petite, non-seulement des trois parties de l'ancien continent, mais encore des cinq par ties du monde.

2. La Configuration. — La configuration de l'Europe *peut être comparée à celle d'un triangle*, c'est-à-dire à une figure ayant trois côtés et trois angles ou sommets. On obtient cette figure sur la carte d'Europe en tirant trois lignes droites : l'une à l'ouest, du nord des monts Ourals au cap Saint-Vincent, c'est la plus longue; l'autre au sud, du cap Saint-Vincent au cap Apcheron, extrémité orientale du Caucase dans la Caspienne ; la troisième à l'est, du cap Apcheron au nord des monts Ourals, c'est la plus courte.

Chacune d'elles laisse naturellement en dehors quelques portions peu considérables de l'Europe. Mais la considération de cette figure n'en est pas moins importante, parce qu'elle nous explique pourquoi l'Europe, malgré son peu d'étendue, est cependant *la plus peuplée relativement* et absolument la plus puissante et la plus riche des cinq parties du monde. Considérez en effet la forme des quatre autres parties. L'Afrique est massive et la configuration de ses rivages que ne creuse presque aucun golfe a rendu difficiles, et dans quelques endroits encore impossibles, les voyages à l'intérieur. Il en est de même de l'Australie, la plus grande terre de l'Océanie. L'Amérique et l'Asie sont plus découpées; mais la première s'allonge presque d'un pôle jusqu'à l'autre, en dressant à l'ouest une haute muraille continue, et en interposant au centre entre les deux Océans un isthme rocheux et volcanique. Si la seconde est plus profondément creusée à l'est et au sud, l'immense distance entre ces points et ceux de l'ouest et du nord, jointe à ses montagnes gigantesques, à ses hauts plateaux, à ses déserts sablonneux et à ses steppes glacées, a toujours empêché des communications faciles de s'établir entre ses rivages extrêmes.

Au contraire, *l'Europe diminue sans cesse de largeur à mesure qu'on s'avance du nord-est au sud-ouest*, et elle est creusée au nord et au sud par des mers et des golfes profonds qui rapprochent encore les distances. Ainsi l'étendue est considérable entre les deux mers les plus lointaines vers l'est, la Caspienne à l'embouchure du Volga et la mer Blanche à celle de la Dwina ; elle est déjà presque moitié moins grande, des bouches du Dniéper ou du Danube dans la mer Noire à celles de la Duna ou de la Vistule dans la Baltique ; moindre encore depuis le fond de l'Adriatique au delà du Pô, jusqu'au fond de la mer du Nord aux bras confondus du Rhin, de la Meuse et de l'Escaut; enfin ce n'est plus qu'un isthme de 360 kilomètres, entre le golfe du Lion et celui de Gascogne.

Il résulte de cette disposition que *nulle partie du monde n'est mieux disposée pour les relations politiques et commerciales* entre le nord et le midi, entre l'est et l'ouest. C'est pour cela que depuis plusieurs siècles il y a une *civilisation européenne*, *une politique européenne*, c'est-à-dire des croyances religieuses et un développement intellectuel, des principes politiques communs à presque tous les Etats de l'Europe, ce qui n'a lieu ni pour l'Asie ni pour l'Afrique. *A l'exception de la Suisse*, TOUS LES ÉTATS EUROPÉENS TOUCHENT A LA MER qui est la voie du grand commerce; quelques-uns même, la *Russie* à cause de son immense territoire, la *France* et l'*Espagne* par suite de leur situation occidentale, *sont baignés* par des portions des deux grandes mers, *l'Océan et la Méditerranée.* Le relief du sol vient lui-même en aide à la configuration extérieure pour faciliter ces relations. Les plus hautes montagnes de l'Europe atteignent à peine à la moitié des points culminants de l'Amérique du Sud et de l'Asie; ses plateaux sont peu étendus et d'une médiocre altitude; pas de désert de sable, comme il y en a tant en Afrique et dans l'Asie occidentale : rien que quelques steppes au nord de la mer Noire, nullement comparables aux plaines immenses de l'Asie. L'élévation du sol européen semble même être en raison inverse de sa largeur. C'est à l'ouest, dans les parties les plus resserrées entre les deux mers, que sont accumulées les plus hautes terrasses, celles des Alpes et des Pyrénées; mais elles offrent des *dépressions*, c'est-à-dire des abaissements par lesquels on a fait passer des canaux entre les fleuves opposés, la Garonne et l'Aude, le Rhin et le Danube. C'est à l'est, dans les parties les plus larges, que se développent les plaines basses qui ont permis également ces mêmes communications par canaux entre la Vistule ou la Duna et le Dniéper, entre la Dwina et le Volga.

DEUXIÈME LEÇON.

3. Les mers, détroits, îles, etc. — L'*Europe est baignée par deux des cinq océans* qui entourent le globe : l'OCÉAN GLACIAL au nord, l'OCÉAN ATLANTIQUE à l'ouest.

Leur limite est toute conventionnelle; leurs eaux se

confondent librement sur une immense étendue. On l'a fixée *au cercle polaire arctique*, c'est-à-dire au point où le jour est le plus long au solstice d'été (21 juin) et par conséquent la nuit la plus longue au solstice d'hiver (21 décembre), parce que la permanence du soleil au-dessus de l'horizon ou son absence sont la principale cause de la différence des températures.

4. L'Océan Glacial. — Une autre cause d'une importance presque égale réside dans la *direction des courants marins*. C'est elle qui donne à certaines parties de l'Océan Glacial une température relativement douce. Le principal courant de l'Océan Atlantique est le GULF-STREAM, ou courant du golfe du Mexique, appelé ainsi parce qu'il sort de cette mer et se dirige à l'est vers l'Europe dont il réchauffe toutes les côtes occidentales. Il poursuit sa course au delà du cercle polaire arctique, où il rencontre les côtes septentrionales de Norvége, les premières qui soient baignées par l'Océan glacial. Elles sont découpées en *fiords*, golfes profonds mais à peine larges de 7 à 8 kilomètres, et encaissées entre de hautes murailles verticales; à leur entrée sont des îles montagneuses, *l'Archipel des Loffoden*, entre lesquelles des courants irréguliers rendent la navigation très-difficile. Le plus célèbre est le *Malstrom*, dangereux seulement quand le vent du nord-ouest souffle en opposition avec le reflux; alors il peut engloutir des navires : mais en d'autres temps on le traverse sans péril, sa plus grande profondeur n'étant que de 40 mètres.

La disposition de ces îles est fort avantageuse pour les habitants. Elles forment avec le rivage et les fiords une sorte de mer intérieure où le poisson pénètre en abondance et se pêche avec facilité, surtout la morue arrivant quelquefois en masses compactes de plusieurs mètres d'épaisseur. Les émanations de Gulf-Stream permettent au seigle de mûrir jusqu'au

68e degré, et au point extrême de l'Europe, le CAP NORD situé dans l'île de Mageröé, *non-seulement la mer ne gèle jamais, mais elle conserve pendant l'été* entre ce cap et l'île de Kalgouew très-éloignée vers l'est *une température de 10 à 12 degrés centigrades*. Dans l'intervalle l'Océan Glacial forme la MER BLANCHE resserrée à son entrée, mais élargie vers le sud en plusieurs baies profondes. Bien que s'avançant au midi jusqu'au 64e degré, la *mer Blanche est pendant huit mois de l'année complétement fermée par les glaces*, parce que le courant du Gulf-Stream s'en détourne pour se diriger au nord-est. Une *banquise* ou barrière de glaces fixes s'étend depuis le débouché de cette mer (au 68e degré), jusqu'au nord de l'île Kalgouew et aux côtes occidentales de la Nouvelle-Zemble (au 72e degré). Le court été polaire (juillet et août) et le Gulf-Stream fondent pendant deux mois cette banquise; grâce à une température constante de 4 à 5 degrés centigrades on peut alors pénétrer dans la MER DE KARA[1], aux limites de l'Europe et de l'Asie, par les *détroits de Waigatz* et *de Kara* entre les îles de Waigatz et de la Nouvelle-Zemble. Celle-ci, longtemps inconnue ou mal délimitée, a été explorée récemment par le Norvégien *Johannesen* qui en a fait la circumnavigation complète, bien que son extrémité septentrionale s'avance presque jusqu'au 77e degré; elle est mince et divisée par un détroit resserré en deux îles dont la plus considérable est celle du nord ; toute cette partie de l'océan Glacial n'est pas moins poissonneuse que les côtes de Norvége : le hareng, les morues et les phoques y abondent.

5. L'Océan Atlantique. — L'OCÉAN ATLANTIQUE a été appelé ainsi par les anciens, parce que la chaîne de l'Atlas en Afrique, dont il baigne également les rivages,

1. Pour l'étude de ces contrées boréales, que la dimension de la carte générale d'Europe n'a pas permis de représenter, voir la carte 14 : RUSSIE.

se prolonge à l'ouest jusqu'à cet océan. Il forme plusieurs mers particulières :

La **Baltique** (environ 400,000 kil. carrés de superficie) est la moins importante, parce que *peu profonde* et placée tout-à-fait en dehors de l'action du Gulf-Stream, *elle gèle facilement* à plus de 12 degrés au sud du cap Nord, et *la navigation n'y est possible que de la fin d'avril aux premiers jours de novembre*. Elle se divise en trois golfes principaux : au nord le *golfe de Bothnie* séparé de la Baltique propre par l'*Archipel d'Aland*, qui semble joindre les côtes de Finlande à celles de Suède ; car entre plusieurs de ces îles on trouve à peine quelques mètres de profondeur ; à l'est le *golfe de Finlande* et le *golfe de Riga* ou de Livonie, celui-ci presque fermé par les îles Dago et Œsel ; il ne gèle entièrement que dans les hivers très-rigoureux. Les bords de ces golfes sont généralement semés d'îles granitiques et de récifs à fleur d'eau. Au contraire, la côte de la Baltique propre est plate et sablonneuse ; la mer forme des lagunes intérieures appelées HAFF aux bouches du Niémen, de la Vistule et de l'Oder : on y trouve quelques îles dont les principales sont Gothland et Rugen. Le saumon et le hareng sont les poissons les plus abondants dans la Baltique.

Elle communique avec la Mer du Nord par une suite de cinq détroits. (Voir, pour les étudier plus facilement, la carte 15 : ÉTATS SCANDINAVES.)

Les trois plus resserrés entourent les îles Sceland et Fionie ; ce sont : le petit Belt, le grand Belt, surtout le *Sund* (4,500 mètres seulement de largeur). Ils débouchent par le Cattegat et le Skager-Rach, entre le *cap Skagen* qui termine au nord la presqu'île du *Jutland* et le *cap Lindesness* extrémité méridionale de la Norvége, composant avec la Suède la grande PÉNINSULE SCANDINAVE.

TROISIÈME LEÇON.

6. La Mer du Nord et l'Archipel Britannique. — La Mer du Nord (environ 600,000 kil. carrés) est encore moins profonde que la Baltique, surtout au sud entre le Jutland et la côte anglaise, où plusieurs bancs poissonneux sont couverts à peine de 20 à 50 mètres d'eau. Les côtes y sont également basses comme au sud de la Baltique. La violence des vents d'ouest et l'impétuosité des courants venus du Pas-de-Calais ont brisé l'ancien rivage, reconnaissable encore à la chaîne d'îles basses allongées en avant du rivage actuel, et ils ont creusé en arrière le golfe étendu, mais peu profond, du ZUIDERZÉE. *Toute cette côte doit être défendue par des digues* contre les fortes marées ; certaines *prairies sont de* 4 à 5 *mètres inférieures au niveau de la haute mer.* La côte orientale d'Angleterre est presque aussi basse et aussi vaseuse, comme le témoigne le nom de Wash (marécage) donné à son principal enfoncement. (Voir pour ces détails et les suivants la carte 6 : Iles Britanniques.) La mer devient plus profonde au nord, et ses rivages changent de caractère. En Norvége la côte tombe presque à pic dans la mer ; elle est découpée en *fiords* profonds, dont l'un a plus de 140 kilomètres de longueur, et elle est toute semée d'îlots granitiques formant l'*Archipel de Bergen.* En face, la côte d'Ecosse est presque aussi escarpée avec un golfe largement ouvert, le *golfe de Murray.*

Ces deux côtes d'Angleterre et d'Ecosse appartiennent à la *Grande-Bretagne*, la principale des Iles Britanniques *et la plus grande de l'Europe.* De forme presque triangulaire, élargie au sud et amincie au nord, elle est entourée de deux petits archipels qui marquent la limite de la Mer du Nord, les *Orcades* et les *Shetland.* Un troisième groupe la flanque au nord-ouest, celui des *Hé-*

brides, parmi lesquelles l'île de Staffa renferme la curieuse *grotte de Fingal* supportée par des colonnes basaltiques de 20 mètres de hauteur. L'Ecosse est découpée à l'ouest en presqu'îles étroites appelées *môles*, au sud desquelles le *Canal du Nord* ne laisse qu'un espace de 26 kilomètres pour entrer dans la *Mer d'Irlande*. Elle renferme deux petites îles, *Man* et *Anglesea*, cette dernière si rapprochée de la grande île qu'un chemin de fer jeté sur un pont franchit le *détroit de Menai* qui la sépare de l'Angleterre. Cette côte anglaise, où le courant du Gulf-Stream vient heurter avec violence, est toute découpée par lui en golfes (*canal de Bristol*), en presqu'îles (Cornwall), en caps aigus, entre autres le *cap Lands'End* (Finistère) en avant duquel on rencontre le petit groupe des îles Scilly ou Sorlingues.

Le courant du Gulf-Stream adoucit également le climat de l'Angleterre et entretient la fraîcheur de ses beaux pâturages. Il en est de même de l'Irlande surnommée pour cette raison l'*Ile Verte*. Sa côte occidentale rappelle celles de Norvége, par ses baies étroites analogues aux fiords norvégiens : elle n'est semée que de quelques îlots, parmi lesquels on remarque l'*île Valentia* d'où part le télégraphe transatlantique aboutissant à Terre-Neuve dans l'Amérique du Nord.

C'est la pose de ce câble qui a fait connaître le lit de l'Océan Atlantique. A l'ouest des Iles Britanniques il s'abaisse jusqu'à plus de 1000 mètres entre l'Écosse et le groupe des *îles Féröé*, et jusqu'à plus de 2000 mètres entre cet archipel et l'Islande. Cette grande île est située tout entière dans l'océan Atlantique, puisque le cercle polaire arctique ne fait qu'effleurer ses caps septentrionaux : bien qu'éloignée de 220 kilomètres seulement de la côte d'Amérique on doit la considérer comme européenne; car elle est encore soumise à l'action du Gulf-Stream qui découpe ses côtes comme celles de Norwége, et tempère singulièrement le froid dans cette île, dont le nom « Terre de glace » semble indiquer un climat des plus rigoureux ; il lui apporte aussi les troncs d'arbres roulés dans ses eaux, depuis que le Mississipi les lui a jetés, arrachés aux forêts américaines.

7. La Manche et le golfe de Gascogne. — Revenons à la Mer du Nord. Elle communique avec la Manche par le *Pas-de-Calais*, détroit large seulement de 34 kilomètres entre Calais et Douvres ; sa plus grande profondeur ne dépasse pas 40 mètres ; aussi a-t-on pu sans trop d'invraisemblance songer à le supprimer pour ainsi dire au moyen d'un chemin de fer passant dans un tunnel sous-marin, ou jeté sur un pont dont les arches reposeraient sur les hauts-fonds du détroit. La MANCHE, resserrée à l'est et plus largement ouverte à l'occident entre les caps Lands'End en Angleterre et Saint-Mathieu en France, est peu étendue (73,000 kilomètres carrés) et peu profonde (de 50 à 125 mètres) ; mais elle est remarquable par la hauteur des marées, surtout entre les *presqu'îles de Bretagne et du Cotentin*, celle-ci terminée par le célèbre *cap de La Hague* (voir la carte 2e : FRANCE, *carte du relief du sol*) ; dans cet entonnoir sans issue le flot monte jusqu'à 15 mètres. Les côtes de la Manche sont bordées de dunes, puis de falaises calcaires à l'est et de roches granitiques à l'occident.

Ces deux caractères différents se retrouvent dans le GOLFE DE GASCOGNE, ou *golfe de Biscaye*. Bien plus largement ouvert que la Manche, entre les deux rivages granitiques de Bretagne à la *pointe Saint-Mathieu* et d'Espagne au *cap Finisterre*, il baigne vers le centre des côtes basses, bordées de marais salants entre la Loire et la Gironde, de dunes entre la Gironde et la Bidassoa. Mais dans cette dernière partie les marées sont fortes, les tempêtes fréquentes et terribles. La mer s'y abaisse également à une très-grande profondeur ; ainsi à l'entrée du golfe la *sonde descend à plus de 4.500 mètres*, c'est-à-dire que la plus haute montagne d'Europe, le mont Blanc (4,810 mètres), disparaîtrait presque tout entière dans cet abîme.

Au sud du cap Finisterre d'Espagne, la côte de la PÉNINSULE HISPANIQUE (Espagne et Portugal) est généralement basse, sauf à quelques endroits où les chaînes de montagnes se terminent par une sorte d'éperon, comme le *cap Roca* près de Lisbonne, le *cap Saint-Vincent* au sud du Portugal et le *cap Tarifa* au sud de l'Espagne.

QUATRIÈME LEÇON.

8. Le détroit de Gibraltar et la Méditerranée.[1] — Le cap Tarifa s'avance dans un des détroits les plus importants du globe, le DÉTROIT DE GIBRALTAR, *appelé par les anciens* détroit de Gades (ou de Cadix, du nom de cette ville située un peu à l'ouest) et *Colonnes d'Hercule* parce que les légendes attribuaient à ce dieu d'avoir ouvert cette communication de l'Océan avec la Méditerranée entre les promontoires d'Abila (aujourd'hui de Ceuta) en Afrique et de Calpé (aujourd'hui Gibraltar) en Europe. Il n'a que 20 kilomètres de largeur entre ces deux pointes et 64 kilomètres de longueur sur la côte d'Afrique. Sa moins grande profondeur vers le centre est de 370 mètres, et un fort courant porte à la surface de l'ouest à l'est, de l'Océan dans la Méditerranée. La *place forte de Gibraltar* qui lui donne son nom *appartient à l'Angleterre* sur le territoire espagnol; par contre la ville de Ceuta, beaucoup moins importante, est à l'Espagne sur le territoire africain.

La MÉDITERRANÉE où l'on entre par ce détroit est vraiment la *mer intérieure*, comme disaient les anciens :

1. Voir pour ces détails et les suivants les cartes 11 et 12 : ESPAGNE et PORTUGAL, et ITALIE.

les Romains l'appelaient leur mer « *mare nostrum* », parce qu'elle baignait partout les rivages de leur empire. Tous les peuples de l'Europe peuvent encore lui donner ce nom ; car elle est la grande voie du commerce entre les trois parties de l'ancien monde qu'elle réunit bien plutôt qu'elle ne les divise : l'Europe, l'Asie et l'Afrique. C'est elle dont les golfes profonds donnent à l'Europe cette forme articulée dont on a signalé plus haut les avantages (§ 2).

Sa *surface totale* (de Gibraltar au fond de la mer d'Azow) *est d'environ* 3,285,000 *kilomètres carrés.* Mais on peut la partager en trois bassins bien distincts : la *Méditerranée occidentale*, la *Méditerranée orientale*, la *mer Noire* et ses annexes.

9. La Méditerranée occidentale. — Ce bassin s'étend du détroit de Gibraltar au bras de mer resserré entre la Sicile et le cap Bon en Afrique. Il renferme plusieurs îles assez considérables : les BALÉARES (*Majorque* et Minorque) séparées de l'Espagne par le *canal des Baléares*, au nord duquel la mer creuse sur les côtes de France et d'Italie les *golfes du Lion* et *de Gênes;* la CORSE et la SARDAIGNE divisées par le détroit ou *Bouches de Bonifacio*, la SICILE séparée de l'Italie par le détroit ou *Phare de Messine.* Entre ces trois grandes îles, la côte occidentale d'Italie et la petite île d'*Elbe*, la Méditerranée forme la MER TYRRHÉNIENNE dans laquelle la sonde descend à près de 3,300 mètres au sud de la Sardaigne. Mais presque aussitôt surgit entre la Sicile et le cap Bon une chaîne de hauts-fonds, le *banc de Skerki* où dans certains endroits on ne *rencontre que* 10, *même que* 6 *mètres de profondeur :* c'est la véritable séparation entre les deux bassins de la Méditerranée ; c'est aussi le témoignage de l'ancienne terre continue qui, comme à Gibraltar, joignait autrefois l'Afrique à la Sicile et celle-ci à l'Italie, formant de la Méditerranée occidentale une immense Caspienne. Ces changements sont dus aux bouleversements d'une terre encore toute volcanique ; ainsi tout près de ce banc, l'île de *Pantellaria* renferme au centre un lac profond, ancien cratère d'un volcan éteint dont les eaux sont tièdes et ne peuvent nourrir de poisson. Entre cette île et la Sicile surgit en 1831 l'île Ferdinanda ou Julia, volcan brûlant au sein des flots qui l'engloutirent au commencement de 1832.

10. La Méditerranée orientale. — Le bassin de la MÉDITERRANÉE ORIENTALE est deux fois plus vaste. On y rencontre d'abord le rocher de MALTE, petit et presque stérile, mais forteresse redoutable au moyen de laquelle les Anglais dominent le centre de la Méditerranée, comme ils en commandent l'entrée par l'autre rocher de Gibraltar. Entre les côtes de l'Italie, le canal d'Otrante, la Grèce et l'île de Candie s'ouvre la MER IONIENNE, élargie vers le sud où se trouvent *les plus grandes profondeurs observées jusqu'ici dans la Méditerranée*, 4,300 *mètres*; elle creuse à l'ouest le *golfe de Tarente*, à l'est le *golfe de Lépante* (ou de Corinthe) à demi fermé par l'archipel rocheux des ILES IONIENNES, entre autres *Corfou* l'ancienne Corcyre.

Entre cette île et le *cap Leuca* à l'extrémité sud-est de l'Italie, commence le *canal d'Otrante* donnant entrée dans l'ADRIATIQUE. Les côtes de cette mer sont rocheuses à l'est, découpées en presqu'îles étroites et en petites îles (archipel Illyrien) : elles sont au contraire presque droites et généralement basses à l'ouest. La profondeur de l'Adriatique diminue à mesure qu'on s'avance au nord, où elle ne mesure plus que 40 à 50 mètres dans le *golfe de Venise* et le *golfe de Trieste*. Ces différences s'expliquent par la masse énorme d'alluvions (plus de 40 millions de mètres cubes, paraît-il) que le Pô verse annuellement dans cette mer; ils en exhaussent le fond, et portés au sud par les courants, ils arrondissent le rivage italien et le prolongent aux dépens de la mer. Ravenne, station des flottes romaines sous Auguste, est aujourd'hui entourée d'une forêt de pins à 8 kilomètres dans l'intérieur. Malgré ces désavantages, l'Adriatique est la plus importante peut-être des mers formées par la Méditerranée, parce que c'est elle qui s'avance le plus dans les terres, sa pointe extrême vers le nord atteignant presque le 46e degré de latitude, quand le détroit de Gibraltar n'est situé que sous le 36e degré. C'est elle qui, avec les mers Ionienne et Tyrrhénienne, fait de la PÉNINSULE ITALIQUE le *centre de la Méditerranée et le pays qui a relativement le plus de côtes ;* de là *son importance politique* avec ROME dans l'antiquité, son importance commerciale avec VENISE et *Gênes* au moyen âge. Aujourd'hui encore le port de *Trieste* est le premier de la Méditerranée orientale proprement dite.

CINQUIÈME LEÇON.

11. L'Archipel. — La PÉNINSULE GRECQUE OU HELLÉNIQUE est la troisième de la Méditerranée. (Voir la carte 13 : *Turquie et Grèce.*) La partie méridionale forme la *presqu'île de Morée*, terminée par le *cap Matapan* et le *cap Malée*. La MER DE L'ARCHIPEL comprise entre la Grèce, l'île de Candie et la côte occidentale d'Asie-Mineure est celle de toute l'Europe *dont les rivages sont le plus découpés par des golfes* et présentent *le plus grand nombre de presqu'îles*. Ainsi l'on y rencontre : le *golfe d'Égine* ou d'Athènes séparé de celui de Lépante par le fameux ISTHME DE CORINTHE large seulement de 6 kilomètres, et que l'on songe à couper par un canal pour éviter le passage du cap Matapan dangereux par ses tempêtes ; le *golfe* de *Salonique* et *celui d'Orfano*, entre lesquels s'avance la *presqu'île de la Chalcidique* avec ses trois pointes dont l'une porte le célèbre mont Athos ; enfin le *golfe de Saros* au nord-ouest de la *presqu'île de Gallipoli* où finit le second bassin de la Méditerranée.

Les côtes de l'Archipel sont partout rocheuses et escarpées, et la mer doit son nom à la quantité de ses îles. Leur grand nombre, leur proximité, les caractères volcaniques qu'elles présentent sont les témoignages de

Fig. 1. — Grotte d'Antiparos.

violents bouleversements du sol ; ce sont les fragments détachés d'une terre qui joignait de ce côté l'Europe et l'Asie. Ces phénomènes sont surtout remarquables dans le groupe central, celui des Cyclades, appelées ainsi par les anciens parce qu'elles dessinaient comme un cercle autour de l'île sainte de Delos. L'une d'elles, *Milo*, renferme encore un volcan en activité ; une autre, ***Santorin***, repose sur un volcan sous-marin qui en 1867 a fait surgir une île nouvelle : enfin près de Paros célèbre par ses beaux marbres blancs, est *Antiparos* avec une vaste grotte connue par ses belles stalactites (fig. 1). Les anciens nommaient SPORADES les autres îles semées sans ordre sur la côte orientale ; quatre seulement appartiennent à l'Europe : *Lemnos*, Imbros voisine du détroit des Dardanelles, Samothrace et Thasos. Enfin deux îles plus considérables complétent l'Archipel : au sud CANDIE, l'ancienne Crète ; au nord-ouest EUBÉE ou Négrepont séparée du continent par le détroit de l'*Euripe*, si resserré qu'on a pu joindre les deux terres par un pont de 65 mètres seulement de longueur.

La *Méditerranée n'a presque pas de marées ;* à Venise, où elles sont les plus hautes, elles ne dépassent pas 1 mètre.

12. La mer Noire et les détroits. — Au nord de l'Archipel commence le bassin de la MER NOIRE avec ses annexes, la *mer de Marmara*, la *mer d'Azow* et les trois détroits qui les réunissent, occupant une surface d'environ 500,000 kilomètres carrés. CETTE RÉGION EST POLITIQUEMENT LA PLUS IMPORTANTE DE TOUTE LA MÉDITERRANÉE, comme *formant le trait-d'union de l'Europe et de l'Asie entre lesquelles s'élève* CONSTANTINOPLE. On y pénètre par le DÉTROIT DES DARDANELLES, l'ancien Hellespont, large à peine de 1,500 mètres dans l'endroit le plus resserré, s'élargissant ensuite jusqu'à 7,600, et qui finit après 67 kilomètres de cours près de *Gallipoli*, place forte commandant l'isthme large à peine de 8 kilomètres qui sépare les Dardanelles du golfe de Saros.

Un courant rapide descend de la *mer de Marmara*, simple vestibule de la mer Noire et conduisant à un second détroit encore plus important, le BOSPHORE ou CANAL DE CONSTANTINOPLE, véritable fleuve maritime de 30 kilomètres de longueur, sans îles, sans écueils, et si profond que les vaisseaux de guerre peuvent mouiller au pied des palais bâtis sur ses rives. Sa largeur varie de 600 à 3,700 mètres; mais les saillants d'une rive correspondent exactement aux rentrants de l'autre. Un de ses bras, appelé la *Corne d'Or*, forme *à Constantinople le plus beau port du monde.* (Voir le plan de Constantinople dans la carte 13 : *Turquie et Grèce.*)

La MER NOIRE a environ 1000 kilomètres de l'est à l'ouest et une largeur variable de 250 à 530 kilomètres du sud au nord. (Voir pour la fin de ce chapitre la carte 14 : *Russie.*) Elle a vers le centre des profondeurs de 2000 mètres ; mais comme l'Adriatique, elle diminue singulièrement de profondeur vers le nord à cause du limon qu'y charrient le Danube et le Dniéper : par la même cause, elle est peu salée. Elle renferme une vaste presqu'île triangulaire et profondément découpée, la CRIMÉE, tenant au continent par l'*isthme de Perekop* large seulement de 7 kilomètres. Elle est séparée de l'Asie par le *détroit de Kercht* ou *d'Iénikalé*, n'ayant que 16 à 6 kilomètres de largeur et diminuant de profondeur jusqu'à n'avoir plus que 2 à 3 mètres de fond à mesure qu'on s'avance vers la MER D'AZOW. Cette mer, si justement appelée par les anciens un marais (Palus-meotides), n'a que 14 mètres dans sa plus grande profondeur vers le centre : à l'ouest une langue de terre, la *flèche d'Ararat* longue de 113 kilomètres et large d'un seul, la sépare presque entièrement de la *mer Putride* ou *Siwache*, marécage rempli de roseaux et de vase ; au nord-est la mer d'Azow se rétrécit et n'a plus que 4 mètres de profondeur quand le Don lui apporte ses eaux jaunâtres chargées de limon.

La mer Noire et celle d'Azow également dépourvues d'îles s'avancent encore plus vers le nord que l'Adriatique, jusqu'au 47e degré de latitude. Mais au lieu d'être garanties comme celle-ci par la chaîne des Alpes, elles sont balayées par les vents froids qui soufflent, sans que rien les arrête, des plaines basses de la Russie. Aussi la mer d'Azow gèle-t-elle tous les hivers ainsi que les rivages septentrionaux de la mer Noire; par la même raison, les vents du Nord y soulèvent de violentes tempêtes. L'esturgeon est particulièrement abondant dans ces deux mers.

12. La Caspienne. — Aux limites de l'Europe et de l'Asie s'étend la CASPIENNE, *la plus vaste mer isolée qui soit sur le globe*, longue d'environ 1200 kilomètres, large de 325 en moyenne et occupant une surface de 530,000 kilomètres carrés. Bien que recevant un grand volume d'eau douce par le Volga et l'Oural, elle est fortement amère et salée à cause des sources de naphte et des steppes salées qui la bordent. Les côtes européennes sont généralement basses et droites, sauf la saillie du cap Apchéron à l'extrémité du Caucase; point d'autres îles que des bancs de sable aux bouches du Volga. De là un grand nombre de bas-fonds vers le nord où la sonde accuse à peine 5 à 6 mètres; au contraire on a mesuré vers le sud des profondeurs de 1200 mètres. Mais son bassin tout entier présente cette particularité remarquable qu'*il est de 30 à 40 mètres au-dessous du niveau de la mer Noire;* c'est ce qu'on appelle la DÉPRESSION DE LA CASPIENNE. Plus découverte encore que la mer Noire, elle gèle également sur ses bords pendant l'hiver, et quoiqu'elle ait encore moins de marées elle est sujette à de fréquentes tempêtes. On y pêche des esturgeons renommés, des saumons, des phoques en grand nombre.

CHAPITRE II.

LE RELIEF DU SOL.

SIXIÈME LEÇON.

14. Le Relief du sol. — Si le lit des mers présente une telle variété dans la profondeur, le sol n'en offre pas une moins grande dans son relief, plus facile à étudier parce qu'il est plus apparent, plus important encore parce qu'il détermine l'altitude, l'orientation, l'écoulement des eaux, en un mot tout ce qui fait la différence des climats et donne à chaque contrée son caractère particulier.

On distingue en général quatre espèces de terrains d'après leur élévation au-desssus du niveau de la mer : 1° les *plaines basses*, régions qui n'ont pas 200 mètres d'altitude, où les pentes sont douces et les vallées des fleuves larges et unies ; 2° *les plaines hautes et les plateaux*, terrains sensiblement élevés au-dessus des plaines environnantes et sur une surface étendue, entre 200 et 650 mètres, avec des inclinaisons déjà plus fortes et des vallées plus resserrées ; 3° les MONTAGNES, entre 650 et 3,000 mètres, où les pentes sont raides, les sillons où coulent les eaux étroits et profonds, les sommets tantôt arrondis ou coniques, tantôt aigus et dentelés ; 4° les RÉGIONS ALPESTRES, au-dessus de 3,000 mètres, où cesse la végétation, commencent les glaciers et les neiges éternelles.

L'Europe renferme ces quatre espèces de terrains, mais inégalement répartis (voir la carte 2 : EUROPE, *carte du relief du sol*) ; les *hautes chaînes et les plateaux élevés se dressent généralement au sud*, vers les rivages de la

Méditerranée ; les *plateaux inférieurs et les plaines basses descendent au nord* vers les côtes de l'Atlantique et de l'Océan glacial.

Les montagnes peuvent se diviser en sept groupes principaux : 1° Les ALPES avec leurs ramifications en France, en Italie et en Grèce ; 2° les CARPATHES et les MONTS DE L'ALLEMAGNE CENTRALE ; 3° les PYRÉNÉES avec les CHAINES DE L'ESPAGNE : ces *trois groupes couvrent le sud et le centre de l'Europe* et se *tiennent comme une suite non interrompue de hauteurs.*

Les *quatre derniers groupes sont entièrement isolés.* Ce sont : 4° Les MONTAGNES DES ILES BRITANNIQUES ; 5° les ALPES SCANDINAVES avec le plateau de Finlande ; 6° l'OURAL et les plateaux de la Russie centrale ; 7° le CAUCASE.

14. Les Alpes. —(Voir dans la carte 2 : EUROPE, *carte du relief du sol*, le carton représentant les Alpes centrales ; et aussi la carte 3 : EUROPE CENTRALE, et la carte 4 : FRANCE, *carte du relief du sol.*) Les ALPES constituent le PRINCIPAL MASSIF DE L'EUROPE par leur étendue et leur élévation générale, par les phénomènes naturels particuliers à ces hautes régions, enfin parce *qu'elles forment le partage des eaux entre les fleuves les plus importants.* Elles décrivent au nord de l'Italie un vaste *demi-cercle de 1,500 kilomètres environ de longueur*, sur une largeur variable de 120 à 240 kilomètres à mesure qu'on s'avance de l'ouest à l'est. Leurs escarpements les plus rapides sont au sud, du côté de l'Italie où elles dominent la plaine du Pô qui commence presque à leurs pieds ; leurs pentes sont au contraire plus douces vers le nord où elles descendent graduellement par des plateaux élevés et de hautes plaines dans la Suisse et l'Allemagne. On les partage d'abord en trois grandes divisions géographiques : Alpes occidentales, Alpes centrales, Alpes orientales.

Les ALPES OCCIDENTALES sont interposées entre l'Italie et la France sur une longueur de 380 kilomètres, depuis le fond du golfe de Gênes au *col de Cadibone*, le point le plus bas de toute la chaîne, jusqu'au massif du Saint-Gothard. Elles atteignent 4,810 mètres AU MONT BLANC leur pic le plus élevé. Elles sont dirigées généralement du sud au nord, mais en dessinant quatre courbes correspondant à autant de divisions particulières.

1° Les *Alpes maritimes* sont ainsi appelées parce que sur le golfe de Gênes elles sont très-rapprochées de la mer, au point de ne laisser entre leurs derniers rameaux et le rivage qu'une route étroite et pittoresque, la route de la Corniche. Elles décrivent un arc de cercle dont la concavité est tournée vers l'Italie *depuis le col de Cadibone jusqu'au mont Viso*. Elles atteignent promptement des altitudes de 3,000 mètres ; et leurs cols se trouvent déjà à une grande hauteur : le *col de Tende* (1795 mètres) et le *col d'Argentière* (2,000 mètres), les deux principaux passages de Provence au Piémont; leurs ramifications sont courtes en Italie, plus longues en France où elles forment le massif appelé du nom général d'Alpes de Provence [1].

2° Les *Alpes Cottiennes* ont reçu ce nom d'un petit roi gaulois, Cottius, à qui Auguste donna la souveraineté des peuplades celtiques répandues sur les deux versants de ces montagnes; après sa mort le pays forma la Province romaine des Alpes Cottiennes, et ce nom est resté attaché à cette partie de la chaîne. Elles s'étendent depuis le *mont Viso jusqu'au mont Cenis*, disposées comme les deux sommets d'un triangle dont l'autre pointe est à l'ouest au mont Thabor. Le mont Viso se dresse comme une belle pyramide de 3,845 mètres ; la chaîne offre deux belles routes rendues praticables aux voitures pour passer, même en hiver, du Dauphiné et de la Savoie dans le Piémont : les *cols du Genèvre* (2,100 mètres) *et du*

1. On donne ici peu de détails sur les montagnes de France en général, l'étude de notre pays faisant l'objet particulier du cours suivant, celui de *quatrième*.

Cenis (2,100 mètres). Tous deux débouchent en Italie sur le défilé étroit appelé le *Pas-de-Suse*; le Cenis est surtout célèbre par le *tunnel qu'on a percé sous le col de Fréjus* situé plus à l'ouest, à une altitude de 1,300 mètres, pour faire communiquer les chemins de fer à travers 13 kilomètres de galeries souterraines *entre Modane en France et Bardonèche en Italie.* Ce grand travail a été accompli en moins de dix ans et inauguré le 25 décembre 1870. Un rameau très-important se détache à l'ouest des Alpes Cottiennes : c'est celui des *Alpes du Dauphiné* qui couvrent toute cette province de pics élevés, quelques-uns de plus de 4,000 mètres, et serrent de près la rive gauche du Rhône.

3° Les *Alpes Grées* sont ainsi nommées d'un mot celtique signifiant « des pointes. » Elles présentent en effet des sommets aigus *depuis le mont Cenis jusqu'au mont Blanc*, dans une concavité tournée vers la France. Aux neiges éternelles qui avaient commencé dans les Alpes Cottiennes, viennent s'ajouter ici les *glaciers;* le principal est celui de la *Galise* d'où sort l'Isère et qu'on appelle improprement mont Iseran (il n'y a qu'un col de ce nom); il projette à l'ouest le rameau des Alpes de Savoie qui couvrent toute cette province.

SEPTIÈME LEÇON.

4° Aux *Alpes Pennines*, la chaîne change de direction; elle incline au nord-est, d'abord presque en ligne droite du *mont Blanc au mont Rosa*, renfermant *les plus hautes montagnes d'Europe*. Le MONT BLANC, LE POINT CULMINANT, S'ÉLÈVE à 4,810 MÈTRES (fig. 2). C'est une énorme masse granitique de près de 40 kilomètres de longueur entre le *col du Bonhomme* au sud et le *col de Balme* au nord, hérissée de glaciers et déchirée par de profondes crevasses formant autant de vallées sauvages. Le versant oriental domine à pic le *vallon de l'allée Blanche;* sur l'arête, outre le dôme du mont Blanc proprement dit,

Fig. 2. — Vue du Mont-Blanc, prise de Chamonix.

se dresse la *Dent du Géant* presque aussi élevée (4,206 mètres), d'où l'on descend, par la MER DE GLACE dans le versant occidental à l'entrée de la pittoresque *vallée de Chamonix*.

A l'est du mont Blanc, les pics sont moins hauts ; mais les glaciers augmentent encore en épaisseur, surtout dans le versant septentrional du côté de la Suisse : les glaciers du *Vélan*, du CERVIN pyramide gigantesque de 4,432 mètres, et du ROSA le *second pic des Alpes et de l'Europe* (4,633 mètres) et dominant un vaste amas de neiges et de glaces aussi considérable que le massif du mont Blanc. (Voir pour quelques-uns de ces noms la carte 10 : SUISSE.) Le principal col des Alpes Pennines est plus célèbre que facilement praticable : c'est celui par lequel passa Bonaparte en 1800 le *col du Grand Saint-Bernard* (2,428 mètres), avec un hospice où des religieux dévoués accueillent les voyageurs.

Au delà du Rosa, les montagnes sont moins élevées que les précédentes, mais plus importantes peut-être ; car elles offrent des passages relativement faciles. Ainsi le *col du Simplon* (2,005 mètres) présente la plus belle route des Alpes, construite comme celles du Genèvre et du Cenis par Napoléon Ier entre la Suisse et l'Italie, et praticable à toute voiture ; on se propose aussi d'y faire passer un tunnel, pour réunir les chemins de fer conduits presque jusqu'au pied de la chaîne.

15. LES ALPES CENTRALES forment la seconde grande division de la chaîne, depuis le *Massif du Saint-Gothard* jusqu'au *pic des Trois-Seigneurs*. On les appelle aussi les GRANDES-ALPES, parce que c'est la partie la plus épaisse de tout le système, et surtout le point central d'où partent les principales ramifications, et d'où s'écoulent dans des directions opposées le plus grand nombre de fleuves. Elles présentent tout d'abord ce caractère au Saint-Gothard, où commence la première partie des Alpes centrales, celle qu'on appelle *Alpes Lépontiennes* du nom d'une ancienne peuplade gauloise, entre le Saint Gothard et la Maloia.

16. LE SAINT-GOTHARD est moins une montagne qu'un massif rectangulaire orienté vers les quatre points cardinaux et constituant le *principal partage des eaux de l'Europe.* Il s'ouvre en effet sur quatre vallées étroites, profondément encaissées et donnant naissance à des fleuves ou à des affluents considérables : à l'ouest le RHÔNE, sorti du *glacier du Galenstock*, une des plus hautes sommités du massif (3,804 mètres) ; à l'est la branche antérieure du RHIN descendant du *Sixmadun;* au nord la *Reuss*, affluent du Rhin ; au sud le *Tésin*, affluent du Pô, coulant des versants opposés du Saint-Gothard dont le *col* (2,232 mètres) donne passage à une chaussée qui *forme la route la plus directe entre l'Italie, la Suisse et l'Allemagne :* c'est à ce titre que les gouvernements de ces trois pays contribueront aux dépenses du tunnel projeté sous le Saint-Gothard. On rencontre ensuite les *glaciers du Bernardino*, voisins du *col de Splugen* (2,077 mètres) jadis le passage le plus redouté de toute la chaîne, aujourd'hui traversé par une belle route que de longues galeries mettent à l'abri des avalanches. Le *massif de la Maloia* termine les Alpes Lépontiennes et forme, après le Saint-Gothard, le principal partage des eaux ; car il donne naissance à des affluents du Rhin au nord, du Pô au sud, et à l'est il s'ouvre sur la haute vallée de l'*Inn*, grand affluent du Danube. Cette vallée est dominée au nord par un rameau détaché de la Maloia, celui des *Alpes Grises*, étendu sur la Suisse orientale et formant ensuite les plus hautes terrasses du plateau de Bavière.

Mais c'est *du Saint-Gothard que partent les ramifications les plus importantes de toute la chaîne :* au nord-est les Alpes d'Uri et au sud-ouest les Alpes Bernoises.

Les *Alpes d'Uri et de Glaris* enferment au nord la vallée supérieure du Rhin et contiennent un grand nombre de glaciers, entre autres celui du *Tœdi*, que couronne le pic même du nom (3,580 m.) ; elles couvrent l'est et le centre de la Suisse de leurs rameaux, dont l'un se termine près du lac des Quatre-Cantons par la belle montagne du *Rigi* (1,875 m.), du sommet de laquelle on jouit d'une vue admirable ; on y monte par un chemin de fer.

Fig. 3. — Paysage alpestre (la chaîne des Bernoises, Jung-frau, etc., vue de la petite Scheideck). Hauteur des sommets, près de 4,000 mètres, le sol de la petite Scheideck étant déjà à 2,000 mètres au-dessus du niveau de la mer.

Les ALPES BERNOISES sont bien plus considérables. Elles se dressent au-dessus de la vallée du Rhône comme un mur prodigieux en face des Alpes Pennines. On y trouve des pics très-élevés : le *Finster-aar-horn* (4,300 m.), la JUNGFRAU (4,181 m. ; voir la fig. 3) et aussi les plus vastes glaciers des Alpes, celui de l'*Aar*, celui d'ALETSCH le plus grand de toute la Suisse (24 kilomètres), et celui du *Diablerets* après lequel la chaîne s'abaisse ; une de ses dernières sommités, la *Dent de Jaman*, n'a plus que 1,949 m.

au nord du lac de Genève. Deux cols fort élevés traversent ces montagnes : le *col de la Gemmi* au centre (2,257 m.) et le *col de la Grimsel* aux sources du Rhône. Les Alpes Bernoises étendent leurs rameaux sur le sud-ouest de la Suisse où elles forment l'OBERLAND, c'est-à-dire « le haut-pays, » dont de nombreux voyageurs visitent tous les ans les sites pittoresques.

HUITIÈME LEÇON.

17. Caractères des Alpes. — Ce sont les Alpes centrales qui présentent les phénomènes les plus remarquables de toute la chaîne. On y *distingue trois zones végétales* très-caractérisées : 1° les *Alpes basses* jusqu'à la hauteur d'environ 1,100 mètres, limite extrême de la culture des céréales et des arbres fruitiers. La vigne prospère à 500 mètres et même plus haut encore dans les expositions favorables tournées au midi ; le châtaignier et le noyer parviennent jusqu'à 900 mètres, le cerisier à près de 1,000, le noisetier à 1,100. 2° Les *Alpes moyennes*, depuis 1,100 mètres environ jusqu'à la limite des neiges éternelles, qui varie entre 2,800 m. sur le versant du nord et 3,000 sur celui du midi. On y trouve d'abord de grands arbres, le chêne, l'orme, le frêne, l'if, le hêtre, l'érable, le bouleau blanc, le pin, le mélèze et le sapin, ces derniers jusqu'à 1,800 ou 1,900 mètres. Au-delà commencent les bruyères et les riches pâturages où les troupeaux de vaches, de moutons et de chèvres paissent pendant une partie de l'année une herbe succulente ; des chalets construits en bois abritent les bergers. Souvent les glaciers descendent au milieu des bois et des pâturages. Les glaciers diffèrent en effet des neiges éternelles ; ils sont formés par l'accumulation des neiges dans des cavités où elles fondent à moitié quand la température devient moins rude, pour se congeler presque aussitôt et prendre une grande consistance. Leur fusion à la partie inférieure alimente des fleuves souterrains ; c'est ainsi que l'Aar et le Rhône coulent pendant quelques kilomètres sous les glaciers du même nom avant de paraître au jour. La masse supérieure glisse lentement (quelques mètres seulement par année) et, quand les pentes sont trop rapides, elle se détache quelquefois de la base et se précipite en renversant des villages et comblant des vallées entières. *On trouve plus de* 600 *glaciers en Suisse.*

C'est dans cette région des Alpes moyennes qu'on admire les vallées étroites où les torrents bondissent de cascade en cascade jusqu'à ce qu'ils rencontrent une vallée fortement abaissée à la limite des montagnes et des plateaux. Ils la remplissent, et ainsi se forment ces beaux LACS étagés sur les deux versants des Alpes : *lac Majeur*, *lac de Come*, découpé en trois pointes, *lac de Garde* en Italie ; *lac de Constance* (398 mètres d'altitude), *lac de Genève* (410 mètres), lacs de *Brienz* (580 mètres) et de *Thun* (578 mètres) unis ensemble, LAC DES QUATRE CANTONS 457 mètres), le plus beau de l'Europe par ses replis sinueux et le charme des paysages qui l'avoisinent; *lac de Zurich*, étroit et allongé (400 mètres). Plus bas commence la *haute plaine de Suisse* d'une altitude moyenne de 400 mètres et inclinée au nord vers le Rhin. Les animaux particuliers aux Alpes centrales sont : parmi les quadrupèdes, l'ours brun, le chamois, la marmotte; parmi les oiseaux de proie, l'aigle et le vautour. 3° Les *Alpes hautes* comprennent toute la région des neiges éternelles au-dessus de 3,000 mètres; là sont entassés les rochers les plus abrupts, les cimes les plus escarpées et d'une blancheur étincelante, au-dessous desquelles s'ouvrent des crevasses et d'effrayants précipices. Là se produit le phénomène des *avalanches*, c'est-à-dire des masses de neige que le glissement des glaciers inférieurs ou la fureur des vents précipite avec fracas et non sans de terribles catastrophes.

Toute végétation n'a pas encore disparu dans ces hautes régions : on a cueilli des lichens et des saxifrages à 3,560 mètres sur le mont Blanc et à 3,600 sur le mont Cervin.

18. Les Alpes Rhétiques, ainsi appelées de l'ancienne province romaine de Rhétie, terminent les Alpes centrales *depuis le massif de la Maloia jusqu'au pic des Trois-Seigneurs*. C'est la *partie* la plus longue et surtout *la plus épaisse de la chaîne :* son arête centrale divise le Tyrol en Tyrol allemand au nord, Tyrol italien au midi ; ses ramifications couvrent toute cette province et se prolongent au nord dans le plateau de Bavière, au sud jusqu'aux plaines de Lombardie. Les Alpes Rhétiques présentent des pics et des glaciers à peine inférieurs à ceux des Alpes Pennines et Bernoises : le *massif de la Bernina* (3,212 mètres), celui de l'*Œtzthal* véritable mer de glace de 25 kilomètres de longueur, le *pic des Trois-Seigneurs* (3,150 mètres), appelé ainsi parce qu'il marquait au moyen âge la limite de trois seigneuries féodales. Entre ces deux dernières montagnes s'ouvre la route la plus importante de toute cette chaîne, par le *col du Brenner* (1,450 mètres) que de beaux travaux ont rendu praticable en toute saison, et que l'on a *percé par un tunnel* joignant les chemins de fer allemands aux chemins de fer italiens. Les ramifications des Alpes Rhétiques sont presque aussi épaisses que l'arête centrale ; on en remarque deux principales : au sud-ouest les *Alpes du Tyrol* où l'*Ortler* s'élève à 3,917 mètres, au nord-est les *Alpes Noriques* avec le massif glacé du *Gross-Glockner* (3,894 mètres) ; elles se prolongent en gardant une altitude de 8 à 900 mètres jusqu'aux environs de Vienne, presque dans le lit du Danube.

19. Alpes orientales. — Les *Alpes Noriques* forment par leur masse et leur direction la véritable prolongation des Alpes centrales. Mais si l'on considère le demi-cercle tracé par les Alpes au nord de l'Italie et surtout leur liaison avec les montagnes de la Grèce, on appellera Alpes

ORIENTALES les chaînes des *Alpes Carniques et Juliennes*, infléchies vers le sud-est *depuis le pic des Trois-Seigneurs jusqu'à la presqu'île d'Istrie*. Bien que quelques pics y atteignent 3,000 mètres, c'est la *partie la plus basse de la chaîne*, surtout au *col de Tarvis* (869 mètres) et au col d'Adelsberg, par lequel passe le chemin de fer de Vienne à Trieste; c'est par là que sont entrés dans l'antiquité la plupart des peuples barbares qui ont envahi l'Italie. L'extrémité des Alpes Juliennes se déploie en plusieurs chaînons parallèles, entre lesquels sont enfermés quelques petits lacs sans écoulement. Le principal est le *lac de Cirknitz*, *lac intermittent* qui se vide dans l'espace de 25 jours; le fond présente alors un terrain fertile propre à la culture, on y récolte des céréales et on y chasse le gibier dans les lieux mêmes où l'on pêchait auparavant du poisson; après 4 ou 5 mois, le lac se remplit de nouveau, mais dans le court espace de 24 heures. Le même plateau renferme les *belles grottes d'Adelsberg*, analogues à celles d'Antiparos (§ 10). Un torrent y roule avec fracas pendant 8 kilomètres au-dessous de hautes stalactites formant des colonnades majestueuses qui conduisent tantôt à des passages étroits, tantôt à des salles immenses.

Les Alpes orientales projettent deux ramifications principales : au sud les *Alpes Cadoriques*, dont les chaînons épais enferment les célèbres gorges de la Brenta et se développent ensuite en plateaux au-dessus du lit de l'Adige; à l'est les *Alpes de Croatie*, rameau allongé qui finit entre la Save et la Drave dans la plaine de Hongrie.

NEUVIÈME LEÇON.

20. Les Apennins. — Les APENNINS forment le plus important annexe des Alpes. (Voir pour les détails la carte 2, ITALIE.) C'est une longue chaîne étendue sur plus de 1,000 kilomètres depuis le *col de Cadibone jusqu'aux* *caps Leuca* et *Spartivento* au sud de l'Italie, qu'elle parcourt tout entière du nord-ouest au sud-est. Sa situation méridionale et son altitude bien inférieure à celle des Alpes ne lui permettent d'avoir ni glaciers ni neiges éternelles. On le divise en trois grandes parties : Apennin septentrional, Apennin central, Apennin méridional.

1° L'*Apennin septentrional* court du *col de Cadibone* à la *source du Tibre ;* sa hauteur moyenne est de 1,200 à 1,600 mètres et il présente de ux cols importants, le *col de la Bocchetta* (777 m.) par où passe le chemin de fer de Gênes à Turin, et le *col de Poretta* traversé également à l'aide d'une longue suite de souterrains par la ligne de Florence à Bologne. L'Apennin descend au nord par des plateaux, au-delà desquels commence jusqu'aux Alpes la belle PLAINE DE LOMBARDIE, l'une des plus riantes et des plus fertiles de l'Europe ; on y récolte le riz et le lin dans les vallées humides, le maïs et le froment dans les plaines plus sèches ; le mûrier couvre les premiers coteaux, ainsi que la vigne entrelacée aux grandes arbres et présentant l'aspect d'un immense jardin. Le versant du sud est plus abrupt, tombant rapidement sur la Méditerranée ; au sud-ouest il projette le *sub-Apennin Toscan* ou *plateau de Toscane*, au pied duquel s'étend la *plaine insalubre des Maremmes*. L'Apennin, pauvre en métaux, renferme au contraire des minéraux en abondance, surtout les marbres colorés de Toscane et le beau *marbre blanc de Carrare*.

2° L'*Apennin central* est compris entre la *source du Tibre et celle du Vulturne*. Il renferme au sud le massif des *Abruzzes, où il s'élève à sa plus grande hauteur* dans le POINT CULMINANT DE TOUTE LA CHAÎNE, le GRAN SASSO D'ITALIA (2,900 m.). L'Apennin est ici très-rapproché de l'Adriatique ; à l'ouest il descend vers la mer Tyrrhénienne par un plateau de forme ovale, le *sub-Apennin Romain*, composé de rameaux parallèles et surmonté de quelques pics ne dépassant guère 900 mètres. Ce plateau tout volcanique est semé de *lacs circulaires*, cratères de volcans éteints : le lac de *Pérouse*, le lac de *Bolsena*, le lac de Bracciano, le petit lac Albano voisin de Rome. Dans les Abruzzes, le lac Fucin ou de Célano a été récemment desséché. A la différence des lacs des Alpes, ceux-ci sont sans écoulement, excepté les lacs de Bolsena et de Bracciano ; comme ils inondaient les campagnes quand ils étaient grossis par les pluies, les anciens Romains les ont déchargés dans la mer par des canaux ou *émissaires*. Ce sont eux aussi qui par des travaux opiniâtres ont pendant longtemps assaini la plaine étroite située au pied de ces hauteurs, plaine déserte à l'ouest du Tibre où on l'appelle *Campagne de Rome*, marécageuse et pestilentielle à l'est de ce fleuve, dans les tristes *Marais Pontins*.

3° L'*Apennin méridional* s'étend *depuis la source du Vulturne jusqu'au phare de Messine*, près duquel il se termine par le cap Spartivento. Sa hauteur moyenne n'est que de 800 à 1,000 mètres, sauf au sud du golfe de Tarente où resserré entre les deux mers dans la presqu'île de Calabre il forme les *monts de la Sila*, plateau sauvage et boisé dont la plus haute sommité s'élève à 1,800 m. et reste couverte de neige une partie de l'année. Le rameau qui se détache vers le sud-est jusqu'au cap Leuca n'est qu'un plateau de 500 à 600 m. à l'origine, bientôt effacé dans la riche *plaine de la Pouille*. A l'ouest, la *plaine de Campanie* ou *Terre de Labour* aux environs de Naples est plus fertile encore que celle de Lombardie ; sa fécondité n'a d'égales que la douceur de son climat et la beauté de ses rivages où la baie de Naples se creuse entre de gracieux promontoires prolongés par les îles de Procida, d'Ischia et de Capri.

21. Les volcans. — Cette terre napolitaine est toute volcanique. Le Vésuve s'y dresse en une masse isolée et formée de matières vomies par le volcan lui-même ; son cône, dont la forme change à chaque éruption, est à une altitude de 1,200 mètres seulement et entouré à quelque distance d'une ceinture de hauteurs appelées la *Somma* (voir fig. 4). Ses éruptions sont fréquentes et terribles.

Fig. 4. — Vue du Vésuve.

La première (en 79 de l'ère chrétienne) engloutit les villes d'Herculanum et de Pompéi ; celle-ci, recouverte seulement d'une pluie de cendres, est aujourd'hui presque à moitié déblayée ; la première l'est à peine, ensevelie qu'elle est sous 25 mètres de larves durcies.

La plaine située à l'ouest de Naples et appelée *Champs Phlégréens* dans l'antiquité est également toute volcanique. Au petit lac d'Agnano, l'eau froide bouillonne cependant à la surface, soulevée par les gaz dégagés du sein de la terre ; sur ses bords est la célèbre *grotte du Chien*, remplie jusqu'à une certaine hauteur de vapeurs méphitiques. La *Solfatare*, reste d'un cratère de forme elliptique, s'élève à plus de 200 mètres et est une mine inépuisable de soufre ; enfin le lac Lucrin, si célèbre dans l'antiquité, a été considérablement diminué depuis l'éruption de 1538 qui forma dans son sein un petit volcan de 130 mètres de hauteur, le *Monte-Nuovo*.

Les bouleversements du sol se continuent du Vésuve aux plateaux de la Calabre où un tremblement de terre fit périr en 1783 plus de 60,000 personnes, et par delà le phare de Messine aux *montagnes de la Sicile* au-dessus desquelles se dresse à 3,310 mètres de hauteur le célèbre volcan de l'Etna. Sa base a 160 kilomètres de circuit et nourrit 180,000 habitants, tellement les végétaux y acquièrent une vigueur prodigieuse ; on distingue d'abord la *région fertile* où poussent la canne à sucre et le blé; la *région boisée* couronnée de vignes, d'oliviers, de chênes et de châtaigniers gigantesques, dont l'un peut abriter 100 chevaux sous son ombrage ; il est creux et a 40 mètres de circonférence; vient ensuite la *région stérile*, celle des scories et des neiges. Le cratère a 4 kilomètres de tour et 230 mètres de profondeur. Les éruptions, moins fréquentes que celles du Vésuve, sont encore plus terribles ; celle de 1669 vomit un torrent de laves, large de 4 kilomètres, qui franchit les murailles de la ville de Catane, la traversa et alla former un môle jusque dans la mer; tous les environs de l'Etna sont également sujets aux tremblements de terre.

Dans l'archipel voisin des îles Lipari, les volcans de *Vulcano* et de *Stromboli* (800 mètres) lancent des tourbillons de fumée et jettent des flammes, mais sans éruptions proprement dites.

Bien que la *Corse* et la *Sardaigne* soient séparées par les Bouches de Bonifacio, leurs montagnes forment véritablement une seule chaîne diminuant de hauteur vers le sud : ainsi le point culminant de la Corse, le *Monte-Cinto*, s'élève à 2,710 mètres, et le Gennargentu en Sardaigne à 1,900 seulement.

DIXIÈME LEÇON.

22. Les Alpes Helléniques et les Balkans. — Le second prolongement des Alpes constitue les Alpes Helléniques, parallèles à l'Apennin, et parcourant la Turquie et la Grèce comme celui-ci parcourt l'Italie. (Voir la carte 13 : Turquie et Grèce, et aussi la carte plus détaillée de la Grèce ancienne dans l'Atlas historique.) Elles forment pendant 600 kilomètres la continuation des Alpes orientales sous le nom d'*Alpes Dinariques*, également de médiocre élévation et composées de plusieurs terrasses laissant entre elles un plateau de forme ovale et dans certains endroits sans écoulement. Elles se relèvent ensuite en un vaste massif large d'au moins 400 kilomètres, appelé TCHAR-DAGH au centre dans sa partie la plus haute (3,080 mètres) et d'où se séparent deux chaînes : le Pinde au sud et les Balkans à l'est. Les *monts du Pinde* (point culminant le *Mezzovo*, 2,720 mètres) enferment d'abord une large vallée, la *plaine de Thessalie*, entre les chaînes de l'*Olympe* (2,036 mètres) et de l'Othrys ; ils se resserrent ensuite dans la Grèce proprement dite, et disparaissent dans l'isthme de Corinthe. Au-delà, le *plateau d'Arcadie* couvre toute la Morée de rameaux épais qui la découpent en presqu'îles ; le principal est le Taygète des anciens, appelé aujourd'hui le *Pentadactylon* (2,425 mètres) à cause de ses cinq pointes semblables à autant de doigts ; il finit au cap Matapan.

Les MONTS BALKANS se dirigent pendant 600 kilomètres de l'ouest à l'est depuis le Tchar-Dagh jusqu'au cap Emineh dans la mer Noire. C'est l'*Hœmus* des anciens. Loin de présenter les beaux sites des Alpes et des Pyrénées, il n'a qu'une hauteur moyenne de 1,000 mètres, et ses points culminants ne dépassent pas 1,700 ; mais il est important comme formant, après le Danube, la seconde défense de Constantinople, grâce à ses vallées étroites, bordées de rochers avec d'épaisses forêts et des broussailles inextricables qui augmentent les difficultés du passage. Son principal rameau est le *Despoto-Dagh* (Rhodope des anciens), également couronné de forêts de hêtres et de sapins.

Toutes ces chaînes descendent en larges plateaux s'avançant souvent jusqu'à la mer ; aussi *les plaines ne sont-elles pas plus étendues dans la péninsule Hellénique* qu'en Italie. Les deux principales sont : la *plaine d'Andrinople* entre les Balkans et le Rhodope, et surtout la GRANDE PLAINE DU DANUBE INFÉRIEUR ou de ROUMANIE entre les

Balkans et les Carpathes, *plus vaste que celle de la Lombardie*, non moins fertile en céréales, également ouverte de l'ouest à l'est et marécageuse à son extrémité vers les bouches du Danube, comme l'autre vers le Delta du Pô.

23. Les Carpathes et la plaine de la Hongrie. — Cette plaine de la Roumanie est fermée à l'ouest par l'étranglement du Danube appelé les Portes de Fer, où le courant est resserré entre les derniers escarpements des Balkans et les premières terrasses des CARPATHES qui se joignent dans le lit du fleuve. Les *Carpathes* sont donc véritablement la *continuation des Alpes Helléniques.* Elles se partagent en deux grandes divisions (voir pour les détails la carte 9 : EMPIRE D'AUTRICHE).

1° Les *Carpathes orientales*, appelées aussi Alpes de Transylvanie à leur origine, décrivent pendant 700 kilomètres un arc de cercle, *depuis les Portes de Fer jusqu'au mont Pietros.* Aucun sommet ne dépasse 2,700 mètres. Le revers méridional est rapide et coupé de brèches verticales, parmi lesquelles la *passe de la Tour Rouge* (400 mètres de profondeur), ouvre la principale route dans cette partie de la chaîne. Le versant septentrional est au contraire plus adouci, comme dans les Alpes, et descend en terrasses d'une hauteur moyenne de 4 à 600 mètres : c'est le *plateau de Transylvanie*, coupé de vallées fertiles et fermé à l'ouest par le massif des *monts Bihar*, où des pics atteignent 1,700 mètres. Toutes ces montagnes sont garnies jusqu'à 1,500 mètres de chênes et d'arbres verts excellents pour les constructions navales.

2° Les *Carpathes occidentales* dessinent une courbe arrondie *depuis le mont Pietros jusqu'aux sources de l'Oder*, pendant environ 600 kilomètres. Ce ne sont d'abord que de hauts plateaux, d'une altitude moyenne de 1,000 mètres, s'abaissant vers le sud en larges terrasses où sont étagés les beaux vignobles de Tokai. Ils se relèvent ensuite dans le MASSIF DU TATRA, offrant les caractères pittoresques des régions des Alpes (pour cette partie, voir la carte 3 : EUROPE CENTRALE); jusqu'à la moitié de la hauteur, on rencontre des forêts magnifiques et des lacs d'où naissent des rivières torrentielles; au-dessus, des taillis et des broussailles ; puis le roc nu où la neige séjourne pendant huit mois. Les points culminants atteignent 2,770 mètres. Outre le Tatra proprement dit, ce massif se compose de plusieurs autres chaînes parallèles : au nord-ouest le *Babia-gora* et le Beskid, continué par le *Petit Carpathe* riche en métaux et qui vient finir presque dans le lit du Danube.

Entre les Carpathes et les Alpes se développe la PLAINE DE HONGRIE, la *plus vaste de l'Europe occidentale.* Très-basse et marécageuse au centre, dans la vallée même du Danube et de son affluent la Theiss, elle offre entre ces deux cours d'eau des steppes où paissent des milliers de bœufs et de chevaux, ailleurs des champs presque aussi fertiles en céréales que ceux de Lombardie et de Roumanie, et sur les coteaux des vignobles comptant parmi les plus renommés de l'Europe.

ONZIÈME LEÇON.

24. Les chaînes et plateaux de la Bohême. — A l'ouest du petit Carpathe le sol s'abaisse fortement entre le bassin du Danube et ceux de la Vistule et de l'Oder. Le terrain se relève ensuite pour constituer un des accidents les plus remarquables du relief du sol par sa figure et par l'écoulement de ses eaux. (Voir pour cette leçon la carte 3 : EUROPE CENTRALE.) C'est le PLATEAU DE BOHÊME enveloppé par quatre chaînes de montagnes, *ayant la forme d'un quadrilatère.* Ce sont : au nord, les *Sudètes* avec les *monts des Géants* dont le point culminant, le *Schneekoppe*, ne dépasse pas 1,650 mètres et les *monts de Lusace* chaîne encore plus basse dont le revers septentrional très-pittoresque a été appelé « la Suisse saxonne; » à l'ouest, les *monts Métalliques*, riches en mines de toute nature et couverts de beaux pâturages et de forêts ; au sud, les *monts de la forêt de Bohême* (Bœhmerwald) appelés ainsi de l'abondance des hêtres et des chênes, puis des pins et des sapins qui les couvrent ; à l'est, le *plateau de Moravie* dont les plus grandes hauteurs ne dépassent pas 600 mètres. L'espace compris entre ces chaînes constitue un plateau assez élevé vers le sud, s'abaissant ensuite en une plaine étroite, la *vallée de l'Elbe*, qui recueille toutes les eaux du quadrilatère et les porte au nord par *une issue unique*, le défilé ouvert entre les monts de Lusace et les monts Métalliques.

25. Les chaînes et les plateaux de l'Allemagne. — Les monts Métalliques et les monts de la Forêt de Bohême sont unis à l'ouest du quadrilatère par le NŒUD DU FICHTEL-GEBIRGE (montagnes des pins, sommet culminant 1,040 mètres). Ce nœud est le *point de départ des chaînes de l'Allemagne* divisées en deux branches :

1° La branche septentrionale comprend les *monts de la forêt de Franconie* (Franken-Wald) et *de la forêt de Thuringe* (Thuringer-Wald), plateaux de 500 mètres de hauteur moyenne, couverts tantôt de bois de pins et de sapins, tantôt de belles prairies et de verts pâturages. Ils se relient par de simples collines au massif du HARZ, qui semble isolé au milieu des plaines où son point culminant, le *Brocken*, atteint 1,115 mètres : il est très-riche en métaux. Quelques autres chaînons se dirigent à l'ouest vers le Rhin, entre autres le *Taunus* au nord de Mayence, renommé par ses eaux minérales et ses vins.

Au-delà s'étend jusqu'à la mer du Nord et à la Baltique la grande PLAINE DES PAYS-BAS ET DE LA BASSE ALLEMAGNE, entre l'Escaut et la Vistule : elle joint les plaines occidentales de France avec les plaines de Russie, mais sans avoir la fertilité des unes et des autres. Humide et marécageuse, couverte de landes et de bruyères en Hollande et Hanovre depuis l'Escaut jusqu'à l'Elbe, elle devient sablonneuse dans le Brandebourg (centre du royaume de Prusse); et sur les bords de la Baltique elle est comme trouée par une infinité de lagunes, au milieu desquelles s'élèvent quelques monticules et s'étendent de vastes forêts.

2° La branche méridionale des chaînes allemandes, séparée de la précédente par la vallée du Mayn, comprend le JURA FRANCONIEN, plateau assez abaissé pour qu'on y ait creusé un canal entre les bassins du Rhin et du Danube. La chaîne se continue et se relève au sud (7 à 800 mètres) dans la partie appelée *Alpes de Souabe* ou encore *Rauhe-Alp*, c'est-à-dire « Alpes rudes, » parce que les sommets sont dénudés, les pentes arides et coupées par des gorges profondes desséchées pendant l'été. Elles forment le rebord occidental du *plateau de Bavière*, incliné au nord vers le Danube, mais s'élevant au sud jusqu'à 1,000 ou 1,200 mètres vers les Alpes, où *il présente des lacs semblables à ceux de la Suisse*, mais inférieurs en étendue.

26. Les Rauhe-Alp se rattachent vers le sud à la *Forêt-Noire*, belle chaîne de 220 kilomètres de longueur; sa hauteur moyenne varie de 4 à 500 mètres au nord, jusqu'à 8 et 900 au midi où se trouve son point culminant, le *Feldberg* (1,462 mètres). Elle doit son nom aux vastes et sombres forêts dont ses hauteurs sont couvertes; ses pentes adoucies à l'ouest vers le Rhin sont ornées de vignobles; ses vallées bien cultivées et arrosées par des eaux abondantes présentent l'aspect d'un grand jardin, et ses eaux minérales, ainsi que la beauté des sites, attirent tous les ans un grand nombre de voyageurs Les pentes sont plus rapides, les vallées étroites et moins praticables au sud-est vers les sources du Danube. Le Rhin seul la sépare de deux chaînes françaises, le Jura et les Vosges.

DOUZIEME LEÇON.

27. Montagnes de France ([1]) **; le Jura** — Le JURA est un appendice des Alpes auxquelles il se relie par la haute plaine de Suisse et par les collines de Vaud ou *Jorat*, dernier rameau des Alpes Bernoises. C'est moins une chaîne unique que l'assemblage de plusieurs chaînons parallèles présentant leur plus grand escarpement en Suisse, leurs pentes adoucies vers la France, et laissant entre eux des vallées parcourues par des rivières fortement encaissées ou que remplissent des lacs sans écoulement. Sa longueur est d'environ 280 kilomètres, sa largeur de 60 à 80 ; sa hauteur moyenne, de 1,000 mètres dans les chaînons orientaux, n'est plus que de 6 à 400 dans les terrasses occidentales.

On le divise généralement en trois parties : 1° le *Jura méridional*, la partie la plus élevée jusqu'au col des Rousses avec le *Crêt de la Neige*, point culminant de la chaîne (1,723 mètres) et la Dôle (1678) ; 2° le *Jura central*, la partie la plus épaisse avec la crête du *Chasseron* (1,611 mètres) ; 3° le *Jura septentrional* ou *helvétique*, incliné vers le nord-est et bordant la rive gauche du Rhin en face de la Forêt-Noire. Comme les Alpes, le Jura renferme des lacs aux limites des derniers plateaux et de la plaine : à l'ouest, le petit *lac de Saint-Point* traversé prr le Doubs ; à l'est, le grand LAC DE NEUCHATEL, uni par des rivières à ceux de Bienne et de Morat.

1. On a dû réunir en une seule leçon tout ce qui concerne les montagnes Françaises, et réserver les détails pour le cours de Quatrième où leur étude n'occupe pas moins de dix leçons. Voir pour la première partie de celle-ci la carte 3 : EUROPE CENTRALE, et pour la seconde, la carte 4 : FRANCE, *carte du relief du sol.*

28. Les Vosges, l'Argonne et les Ardennes. — Le Jura septentrional s'abaisse au nord-ouest dans une dépression (350 m.) appelée la *Trouée* ou les *collines de Belfort*. Il se relève au nord de cette ville dans les VOSGES. Cette chaîne, parallèle à la Forêt-Noire, d'une longueur (280 kilomètres) et d'une altitude presque égales, a aussi ses points culminants au midi dans le *ballon d'Alsace* (1,250m.) et le BALLON DE GUEBWILLER (1,426 m.) La plupart de ses sommets doivent ce nom de *ballons* à leurs contours arrondis ; garnis de plantes jusqu'à la cime, ils n'ont rien de l'aspect sévère du Jura ou des Alpes. Au-dessous des gazons commencent les belles forêts de hêtres, de pins et de sapins ; sur les flancs on trouve des pâturages et de belles cultures au milieu d'un grand nombre de petits lacs pittoresques. Les Vosges s'abaissent au col *de Saverne*, passage du chemin de fer de l'Est et du canal de la Marne au Rhin ; ce ne sont plus ensuite que des collines dont l'extrémité, appelée le *Hardt*, se relève un peu dans le *mont Tonnerre* (690 mètres).

Entre les Vosges et la Forêt-Noire s'étend la belle PLAINE D'ALSACE OU DU RHIN, comprenant la vallée de ce fleuve depuis Bâle jusqu'à Mayence.

Les Vosges projettent à l'ouest les *monts Faucilles*, série de plateaux de 4 à 500 mètres de hauteur, au-delà desquels commencent les plateaux plus abaissés encore de la France septentrionale et occidentale : 1° au nord *Argonne* proprement dite (300 mètres, au centre du département de la Meuse), et ARDENNES, vaste espace boisé, entrecoupé de marécages tourbeux et de bruyères ; elles couvrent tout l'est de la Belgique où leur point culminant s'élève à 680 mètres, et se terminent près du Rhin par l'*Eifel*, région inculte aux sommets couronnés de cratères et d'anciens cônes volcaniques, comme nos montagnes d'Auvergne ; 2° à l'ouest, le *plateau de Langres* 400 à 500 mètres de hauteur moyenne, et la CÔTE D'OR d'une altitude à peu près égale (le mont *Tasselot*, point culminant, 608 mètres), mais plus large à l'ouest où elle se prolonge par le MORVAN, massif boisé et entrecoupé d'étangs comme les Ardennes, mais dont le plus haut sommet atteint 888 mètres.

Le Jura, les Faucilles et la Côte d'Or enferment la fertile *plaine de la Saône*, plus large à l'est qu'à l'ouest depuis les sources de la rivière jusqu'à Lyon.

29. Les Cévennes et le massif central.—Au sud de la Côte d'Or commence la *principale chaîne intérieure de la France*, celle des CÉVENNES. Longues de 475 kilomètres, elles n'ont encore qu'une altitude et une largeur médiocres au nord couvert de vignobles et de pâturages, riche en houille et en métaux et appelé *monts du Charolais* (550 mètres de hauteur moyenne). Au centre de la chaîne, la largeur est plus grande, le terrain moins fertile et les sommets plus élevés, le MÉZENC, *point culminant* (1754 mètres), le *Gerbier des Joncs* (1,551 mètres) aux sources de la Loire, et la *Lozère* (1,702 mètres). Elles s'abaissent ensuite dans les *monts Garrigues*, grands plateaux pierreux couverts d'une herbe maigre, jusqu'au COL DE NAUROUZE, la *plus profonde dépression que présentent les chaînes de l'Europe occidentale*, 191 mètres seulement au-dessus du niveau de la mer : là passent le canal et le chemin de fer du Midi.

Les Cévennes projettent à l'ouest le MASSIF CENTRAL, composé de plusieurs chaînes d'origine volcanique : les *monts du Velay* et *du Forez*, parallèles aux Cévennes ; les MONTS D'AUVERGNE inclinés au nord-ouest, anciens volcans éteints dans beaucoup desquels on reconnaît encore distinctement la forme du cratère : on les nomme *dômes* à cause de leur forme arrondie, ou *puys* c'est-à-dire éminences ; les principaux sont : le *Plomb-du-Cantal* (1,858 mètres), couvrant de ses ramifications presque tout le département auquel il donne son nom ; le mont

Dore, renfermant le PUY-DE-SANCY (1,886 mètres), le PLUS HAUT SOMMET DE LA FRANCE CENTRALE ; enfin le *Puy-de-Dôme* (fig. 5). Le massif se continue par les *monts du Limousin*, présentant encore quelques pics supérieurs à 1,000 mètres ; il s'abaisse ensuite de tous côtés par de longs plateaux jusqu'à la limite des plaines.

Celles-ci sont de deux sortes : au sud du massif central, la *plaine d'Aquitaine*, fertile dans le bassin de la

Fig. 5. — Vue perspective du Puy-de-Dôme.

Garonne, inculte dans les Landes ; au nord du massif, la grande PLAINE DU NORD-OUEST de la France offre quelques espaces stériles dans le bassin moyen de la Loire (Berry et Sologne) et dans le bassin supérieur de la Seine (Champagne pouilleuse) ; mais presque partout elle est admirablement fertile en céréales (Beauce), en pâturages (Normandie), en plantes industrielles (Flandre) et va se joindre au-delà de l'Escaut à la plaine des Pays-Bas et de la Basse-Allemagne.

TREIZIÈME LEÇON.

30. Les Pyrénées. — Au sud du col de Naurouze, le terrain se relève dans la petite chaîne des *Corbières* qui conduit rapidement aux Pyrénées. (Voir pour le commencement de cette leçon la carte 4 : FRANCE, *carte du relief du sol ;* et pour la seconde partie la carte 11 : ESPAGNE ET PORTUGAL.)

Les PYRÉNÉES *forment le principal massif de l'Europe après les Alpes*, dont elles diffèrent en beaucoup de points. Au lieu de se courber en demi-cercle, elles s'allongent sur plus de 1,100 kilomètres en une ligne presque droite, légèrement inclinée du sud-est au nord-ouest, depuis le cap Creus dans la Méditerranée jusqu'au cap Finisterre dans l'Atlantique. Les neiges éternelles et les glaciers y sont plus rares, leur hauteur absolue étant moins grande et leur situation plus méridionale ; elles sont cependant beaucoup moins praticables que les Alpes, parce qu'elles présentent presque partout une haute muraille, aux cols rares et très-élevés.

Elles se partagent d'abord en deux grandes divisions générales : les *Pyrénées hispano-françaises* et les *Pyrénées espagnoles*. Les *Pyrénées hispano-françaises* sont ainsi appelées parce qu'elles séparent la France de l'Espagne pendant 360 kilomètres. On les subdivise en *Pyrénées orientales*, depuis le cap Creus jusqu'au pic de Corlitte avec la belle montagne du Canigou (2,785 mètres); en *Pyrénées centrales*, depuis le pic de Corlitte jusqu'au mont Cylindre ; c'est la partie la plus épaisse (110 kilomètres) et la plus haute (2,800 mètres d'altitude moyenne) ; elles décrivent vers le milieu une demi-circonférence, le *val d'Aran*, qui appartient à l'Espagne avec les sources de la Garonne. Là sont entassés les sommets les plus gigantesques entre des sites sauvages, le PIC DE NETHOU, POINT

CULMINANT DU MASSIF DE LA MALADETTA (3,404 mètres), le *mont Perdu* (3,352 mètres), et entre deux le col ou *port de Venasque* à 2,417 mètres d'altitude ; en *Pyrénées occidentales*, depuis le mont Cylindre jusqu'au col de Bélate, où la chaîne cesse de former la limite entre la France et l'Espagne : on y trouve des sommets élevés, comme la *Vignemale* (3,298 mètres) et de grandes beautés naturelles : la *cascade de Gavarnie*, la *plus haute du monde* (plus de 400 mètres) et la *brèche de Roland*, vaste ouverture verticale de 300 mètres, voisine du port de Roncevaux ; au-delà la chaîne s'abaisse et au col de Goritty passe le chemin du Nord de l'Espagne, se joignant sur la Bidassoa à notre chemin de fer du Midi.

Les Pyrénées présentent, ainsi que les Alpes, des escarpements énormes et des pentes raides au midi, tandis qu'elles descendent en terrasses allongées vers le nord ; il en résulte que le trajet est plus facile de France en Espagne, comme de Suisse ou d'Allemagne en Italie. Les neiges perpétuelles ne commencent qu'à l'altitude de 2,700 mètres, et les glaciers, peu étendus, se rencontrent seulement dans la partie centrale ; près du port de Vénasque, le lac d'Oo est entièrement gelé à la hauteur de 3,000 mètres. Les avalanches y sont également terribles. La végétation est analogue à celle des Alpes : de 2,200 mètres à 1,800 on ne trouve que les mousses et les plantes alpestres ; à 1,800 mètres, commencent les arbrisseaux, entre autres le genévrier ; puis vient la région des arbres, l'if, le pin sauvage, le sapin et de vastes forêts de chênes-liéges. Mais il y manque les beaux pâturages des Alpes ; aussi les vaches y sont-elles médiocres. Les animaux sauvages sont également inférieurs ; l'ours est moins redoutable, et l'isard n'y déploie pas l'agilité du chamois.

2° Les PYRÉNÉES ESPAGNOLES, beaucoup plus étendues (770 kilomètres), ont une moindre altitude. On les divise en *monts Cantabres*, *Pyrénées des Asturies* où quelques pics atteignent 3,000 mètres, et en *Pyrénées de Galice* jusqu'au cap Finisterre. Très-voisines du golfe de Gascogne, elles se terminent au nord par des escarpements abrupts descendant jusque sur le rivage; au midi elles se prolongent en terrasses où commence le plateau de Castille.

31. Plateaux des Castilles et Sierra-Nevada. — Le relief de l'Espagne est un des plus remarquables qu'il y ait en Europe[1]. Il figure une sorte de carré fermé de deux côtés par de hautes montagnes : au nord les Pyrénées, au sud la SIERRA-NEVADA ou chaîne neigeuse se développant sur 300 kilomètres du cap Tarifa au cap Gata. Elle a partout une grande altitude, surtout sur le centre où se dressent des pics majestueux couverts de neiges perpétuelles, *plus élevés que les hauts sommets des Pyrénées* et *formant les points culminants de toute la péninsule*, la *Veléta* (3,510 mètres), et le MULAHACEN (3,554 mètres). Entre les deux chaînes s'étendent les PLATEAUX DES CASTILLES, *les plus vastes et les plus élevés de l'Europe* et coupés par de longues chaînes de montagnes. On distingue : le *plateau de la Vieille-Castille* d'une hauteur moyenne de 700 mètres, entre les Pyrénées et la Sierra de Guadarrama prolongée par la Sierra d'Estrella en Portugal ; et le *plateau de la Nouvelle-Castille* un peu moins élevé (600 mètres), entre la Guadarrama et la Sierra-Morena, « chaîne noire, » ainsi appelée des arbres à feuillage sombre qui la tapissent. Ces chaînes sont reliées entre elles par les *monts Ibériques*, bordure orientale du plateau et d'où descendent tous les grands fleuves de la péninsule.

Ces plateaux sont généralement arides, sans arbres, presque sans eau. La fertilité n'existe que dans le pourtour des côtes et dans *quelques plaines hautes et peu étendues*: au nord la *plaine d'Aragon* dans la vallée de l'Ebre,

1. Etudier avec beaucoup d'attention, dans la carte II (ESPAGNE et PORTUGAL), le carton placé à l'angle sud-ouest et représentant le *Relief de l'Espagne*.

au sud la *plaine d'Andalousie* dans la vallée du Guadalquivir.

QUATORZIÈME LEÇON.

32. Les montagnes des Iles Britanniques. — Le sud et le centre de l'Europe nous ont presque partout présenté jusqu'ici des chaînes longues et élevées. Le nord et l'est offrent des chaînes plus courtes et moins hautes.

C'est le caractère de celles des ILES BRITANNIQUES. (Voir pour les détails la carte 6 : ILES BRITANNIQUES.) Dans la Grande-Bretagne comme dans l'Irlande, les principaux massifs se trouvent à l'ouest. L'Ecosse au nord de la Grande-Bretagne forme dans sa partie septentrionale un plateau d'environ 300 mètres qui constitue ce qu'on appelle les « *hautes terres* » avec la chaîne des *monts Grampians* où se trouve le BEN-NEVIS, POINT CULMINANT DE TOUT L'ARCHIPEL BRITANNIQUE (1,325 mètres); les cimes sont nues et décharnées; à la base s'étendent des lacs pittoresques. Une autre chaîne parallèle à celle-ci, mais beaucoup moins haute, les *monts Cheviot*, sépare l'Ecosse de l'Angleterre; entre les Grampians et les Cheviot se trouve la plaine d'Ecosse, les *basses terres*, assez abaissée pour qu'on y ait creusé un canal dans l'espace le plus resserré entre les golfes du Forth et de la Clyde.

L'Angleterre proprement dite est parcourue à l'ouest par la *chaîne Pennine* dans laquelle un seul pic atteint 1,000 mètres, et par les *monts du pays de Galles* rappelant l'Ecosse par leur aspect sauvage avec un sommet de 1,185 mètres, le *Snowdon*. Au sud se déploient les North-Down et les South-Down, simples rangées de collines entre la Tamise et la mer. Le reste du terrain porte le nom de *plaines centrales* et descend en côtes basses vers la mer du Nord.

L'Irlande est encore moins élevée, surtout vers le centre rempli d'un réseau de lacs bas à travers lesquels il a été facile de creuser des canaux réunissant la mer d'Irlande à l'Atlantique. Les hauteurs se trouvent au nord, et plus encore au sud-ouest dans les *monts de Kerry*, où un pic atteint 1,000 mètres.

33. Les Alpes scandinaves. — La péninsule scandinave est parcourue dans toute sa longueur (1,700 kilomètres) par la chaîne des ALPES SCANDINAVES bien inférieures, malgré ce nom, aux véritables Alpes. Ce sont de larges plateaux surmontés de pics coniques et neigeux. (Voir pour les détails la carte 5 : ETATS SCANDINAVES.)

La partie principale est vers le centre où on l'appelle les *monts Dovrefield*, dont on a fait le nom de Dofrines appliqué souvent à la chaîne entière. Leur altitude moyenne est de 1,200 mètres et elles renferment LE POINT CULMINANT DE TOUTE LA CHAINE, le SCHNÉEHÆTTAN (2,500 mètres) couvert de neiges éternelles qui commencent à 1,500 mètres sous cette latitude (62°). Au sud la chaîne conserve encore une hauteur et une épaisseur assez considérables dans les *Langfield*; elle est beaucoup plus étroite et plus basse au nord dans les monts *Kiœlen* qui finissent par n'être plus que des plateaux de 5 à 600 mètres. Ces chaînes tombent brusquement à l'ouest sur la côte de Norvége où elles projettent des îles granitiques et de longues presqu'îles découpées par des fiords (§§ 4 et 6). A l'est au contraire elles sont entourées d'une ceinture de longs plateaux, avec une série de lacs formés, comme dans les Alpes (§ 17), par la différence des niveaux que rencontrent à la limite de la plaine les fleuves venus des hautes montagnes. Une large plaine basse se développe à l'est et au sud de la Scandinavie, interrompue seulement vers le sud par le *plateau de Gothie* composé de collines tantôt boisées, tantôt stériles, et de terrains sablonneux ou marécageux.

Les Alpes scandinaves sont très-riches en bois et en

métaux. Leurs profondeurs recèlent les plus abondantes mines de cuivre et le meilleur fer qu'il y ait en Europe ; leurs flancs sont couverts de forêts couvrant presque le

Fig. 6. — Geyser d'Islande.

tiers de la péninsule : hêtres, chênes et sapins au midi et au centre, pins, sapins et bouleaux dans le nord.

A ces montagnes se rattache le *plateau de Finlande*, formé de collines encore assez bien marquées au nord, mais n'étant plus composé ensuite que d'exhaussements granitiques très-confus, d'une altitude moyenne de 300 mètres et coupés de lacs et de marécages sans nombre.

34. L'Islande. — On a vu (§ 6) que les côtes d'Islande présentent quelque ressemblance par leurs fiords avec celles de Norvége. L'analogie n'est pas moindre dans le relief du sol. Cette île forme aussi un vaste plateau coupé de profondes déchirures et surmonté d'un assez grand nombre de sommets couverts de neiges éternelles ; celles-ci commencent à 1,000 ou 900 mètres à cette latitude et *le point culminant de l'île s'élève* à 2,028. Mais elle renferme une autre espèce de montagnes qui manque heureusement à la Norvége, les *volcans*, dont 9 en activité. Le plus connu est l'*Hékla* (1,557 mètres) ; ses éruptions accompagnées de tremblements de terre couvrent les cantons voisins de laves, de cendres brûlantes et d'énormes rochers ; en outre, une infinité de petits cônes lancent presque continuellement des torrents de boue. Comme au sud de la Sicile (§ 8) et dans l'Archipel (§ 10), les volcans sous-marins firent surgir sur ses côtes en 1783 une île qui jeta des flammes et des pierres-ponces, puis disparut en 1785, laissant un récif très-dangereux pour les navigateurs. Mais le phénomène le plus curieux en Islande est celui des *Geysers*, sources d'eau bouillante et de boue jaillissant à une hauteur de 40 à 50 mètres (fig. 6). On pourrait donc nommer l'Islande « Terre de feu » aussi bien que « Terre de glace » (Eis-land).

QUINZIÈME LEÇON.

35. L'Oural et le plateau de Valdaï; plaines de la Russie. — (Voir pour les détails la carte 14 : Russie.) L'Oural n'a de remarquable que ses riches mines d'or et de fer et aussi sa grande longueur du nord au sud, près de 3,000 kilomètres. Mais il est large à peine de 80. Si l'on y trouve quelques sommets de 1,500 à 2,600 mètres, la plus grande partie de la chaîne n'offre qu'une suite de terrasses si doucement inclinées vers l'Europe et si abaissées vers le centre, qu'à Ekaterinenbourg par où l'on entre en Sibérie, la route ne passe qu'à 260 mètres au-dessus du niveau de la mer; les contours du terrain sont également si arrondis qu'on peut douter de l'existence de véritables montagnes. Il se relève vers le sud et se divise en plusieurs branches qui encaissent les vallées où coulent l'Oural supérieur et ses affluents.

A l'ouest de l'Oural on rencontre deux hauteurs distinctes : l'*Uvalli* dont le nom signifie « dos de pays, » faible plateau pierreux et presque inculte ; le *plateau de Valdaï*, un peu plus élevé, sans cependant qu'aucun de ses sommets dépasse 350 mètres. C'est une région marécageuse parsemée de petits lacs où de grands fleuves prennent naissance dans différentes directions; aussi, malgré sa très-médiocre altitude, le *plateau de Valdaï est-il, après les Alpes, le plus important point de partage des eaux de l'Europe*. Il se continue vers le centre de la Russie par quelques plaines hautes, région des sources qui alimentent le Don et certains affluents du Volga et du Dniéper. Leur bord oriental est marqué par les *collines du Volga* dominant la rive droite de ce fleuve.

Mais ces éminences n'ôtent rien au caractère distinctif de ce pays, qui est de constituer la GRANDE PLAINE DE L'EUROPE ORIENTALE. Elle offre trois aspects différents. Le plateau de Valdaï et la plaine inclinée au nord de l'Uvalli est par excellence la *région des forêts*; près de l'Océan glacial elle ne présente plus que des *toundras*, marécages glacés et parsemés de mousse. Au centre, depuis les Carpathes jusqu'à l'Oural, se développe l'immense *plaine de terre noire*, l'un des greniers de l'Europe et où *la culture des céréales occupe plus de dix millions d'hectares*. Au sud, jusqu'à une grande distance de la mer Noire et de la Caspienne, c'est la région des *steppes*, plaines *sans arbres*, ensevelies l'hiver sous la neige, mais couvertes l'été *d'une vigoureuse végétation d'herbes* que paissent d'innombrables troupeaux.

La steppe comprise entre la mer d'Azow et la Caspienne a un caractère particulier. Elle est formée de sables mouvants, de marais pleins de roseaux, de lacs salés, de plantes à potasse, et si basse qu'un des cours d'eau descendus du Caucase se porte également dans chacune des deux mers lors de la saison des pluies. Cet aspect du sol a donné l'espérance de creuser d'une mer à l'autre un canal qui ferait disparaître l'isolement de la Caspienne. Il a prouvé également que cette mer était jadis bien plus étendue vers le nord qu'elle ne l'est aujourd'hui; car de ses rivages actuels jusqu'au 50e degré au nord et presque jusqu'aux collines du Volga à l'ouest, cette région est comme la mer Caspienne elle-même (§ 12) au-dessous du niveau des mers extérieures. On l'appelle la *dépression de la Caspienne.*

36. Le Caucase. — Si l'Oural malgré sa longueur n'est qu'une chaîne secondaire, le CAUCASE forme au contraire une véritable limite entre deux parties du monde : c'est UNE CHAINE DE PREMIER ORDRE, comme les Alpes et les Pyrénées, auxquelles il ressemble par son orientation du sud-ouest au nord-est, par son étendue (1,110 kilomètres) et par sa largeur variable de 100 à 350 kilomètres. Il offre même *un pic plus élevé que le mont Blanc*, l'ELBROUZ, (5,009 mètres), et un autre presque égal, le *Kasbek* (4,710 mètres) au pied duquel s'ouvre le *défilé de Dariel*, la seule route carrossable entre les possessions russes situées sur les deux versants du Caucase. On y monte du côté de l'Europe par une région forestière, couverte d'arbres gigantesques, puis d'épaisses broussailles; ensuite commencent les rochers nus et bientôt la limite des neiges, à 3,300 mètres sous cette latitude. Les sommets neigeux présentent les formes les plus bizarres : pointes aiguës, cornes, cônes tronqués, pyramides. Le Caucase ne renferme pas de volcans en activité ; mais à ses deux extrémités, les presqu'îles d'Apschéron sur la Caspienne et de Taman sur la mer Noire contiennent des sources de naphte et de pétrole; le sol est percé de « puits de feu » d'où sortent des gaz inflammables.

A la chaîne du Caucase se rattachent les montagnes du sud de la Crimée ; elles se développent le long de la mer Noire en un plateau abritant une région dont le climat est exceptionnellement doux et le sol fertile. Le pic principal s'élève à 1580 mètres : c'est le *Tchatyr-Dagh*, ou montagne de la tente, dont le sommet est aplati comme le mont de la Table au cap de Bonne-Espérance.

CHAPITRE III.

LES EAUX.

SEIZIÈME LEÇON.

37. Les versants; la ligne générale de partage des eaux. — Les montagnes ne constituent pas seulement le relief du sol ; elles déterminent aussi la pente des eaux, ce qui est d'une importance capitale pour la fertilité d'un pays et la facilité de ses relations. Quand on considère les montagnes et les plateaux de l'Europe, Alpes, Pyrénées, Carpathes, Valdaï, on voit que leurs flancs versent des eaux dans des directions différentes et que ces directions suivent *deux inclinaisons générales* : l'une au *nord-ouest vers l'Atlantique et l'Océan Glacial*, l'autre au *sud-est vers la Méditerranée et la Caspienne*. C'est ce qu'on appelle les *versants :* VERSANT DU NORD-OUEST et VERSANT DU SUD-EST (Voir la carte première : EUROPE, *carte des eaux.*)

On nomme la suite de hauteurs qui les sépare « LIGNE GÉNÉRALE DE PARTAGE DES EAUX ». Il ne faudrait pas croire qu'elle est partout constituée par une arête élevée ni même continue. Ce sont tantôt de grandes chaînes, tantôt des plateaux d'une médiocre altitude, tantôt de simples plaines basses où le relief est à peine suffisant pour déterminer l'écoulement des eaux. Ces hauteurs sont les suivantes :

1° A *partir de la pointe de Tarifa* dans le détroit de Gibraltar, la SIERRA NEVADA, les *Monts Ibériques* et les PYRÉNÉES avec les Corbières jusqu'au col de Naurouze (§ 29).

2° A partir de ce col où la ligne de partage des eaux n'est qu'à 191 m. d'altitude, les *Cévennes* et la suite de plateaux (Côte-d'Or, Plateau de Langres, Faucilles) qui les relient au *Jura*, et le Jorat qui joint ce dernier aux Alpes.

3° Les ALPES BERNOISES, LÉPONTIENNES et des GRISONS avec les ramifications du *Jura franconien*, des *Monts de Bohême*, du Plateau de Moravie et des Monts Sudètes jusqu'au massif du *Tatra* dans les *Carpathes.*

4° Le plateau ou, pour parler plus exactement, les plaines de Pologne dont le relief est si faible vers leur centre dans les marais de Pinsk que les eaux des deux versants se confondent lors des grandes pluies ; le *plateau de Valdaï* et celui de la Russie septentrionale composé de l'Uvalli et des plaines hautes par lesquelles on monte vers *l'Oural.*

38. Les Bassins. — Chacune de ces deux grandes masses d'eaux, l'Atlantique et la Méditerranée, forme des mers secondaires dans lesquelles se jette un certain nombre de fleuves ; ces divisions des versants s'appellent les BASSINS, séparés entre eux par des terrains de hauteur très-inégale, montagnes, plateaux, simples plaines. *On* *distingue sept bassins en Europe :* trois dans le versant de la Caspienne et de la Méditerranée ; quatre dans celui de l'Atlantique et de l'Océan Glacial. Les uns et les autres sont plus ou moins parsemés de *lacs et de régions marécageuses.*

39. Le Bassin de la Caspienne. — Bien que le BASSIN DE LA CASPIENNE reçoive plusieurs grands fleuves, c'est cependant avec le bassin de l'Océan Glacial *le moins important de l'Europe*, à cause de l'*isolement de la mer où se perdent ces cours d'eau.* (Voir la carte première et pour plus de détails la carte 14, RUSSIE). Il est compris entre les monts Ourals à l'est, le plateau de la Russie septentrionale et celui de Valdaï au nord, la région des sources dans la Russie centrale et les collines du Volga à l'ouest. Il reçoit deux fleuves principaux :

L'*Oural*, passant à Orenbourg, limite de l'Europe et de l'Asie.

Le VOLGA, *le plus grand fleuve de l'Europe* (3,960 kilomètres), appelé *Rha* par les anciens; il naît dans le Valdaï à 256 mètres seulement au-dessus du niveau de la mer, coule en général de l'ouest à l'est jusqu'à Kazan en passant par *Tver où il est déjà navigable pour les bateaux à vapeur*, et à *Nijni-Novogorod* où il a un kilomètre de largeur ; à Kazan les derniers escarpements de l'Oural le forcent à couler du nord au sud par Saratow où son lit est large de 4 kilomètres et entrecoupé de bancs de sable et de grandes îles, jusqu'au coude de Tsaritzin par lequel il se rapproche du Don à moins de 60 kilomètres. Jusque-là, sa rive gauche a été généralement plate, sa rive droite au contraire bordée d'une falaise de 30 à 50 mètres de hauteur, presque à pic et interrompue seulement par les vallées des affluents du fleuve. A Tsaritzin il est rejeté au sud-est par les dernières collines du Volga et son cours change entièrement de nature : il entre dans la dépression de la Caspienne (§ 35), ne reçoit plus d'affluent et coule sur un terrain argileux ou sablonneux. Aussi sa largeur augmente-t-elle considérablement aux dépens de sa profondeur ; au-dessous de Tsaritzin où il est large de 7 kilomètres, il se sépare en un grand nombre de bras qui embrassent plus de 20 kilomètres dans un vaste labyrinthe d'îles et de canaux. Aux bords de la Caspienne son delta n'a pas moins de 150 kilomètres d'étendue et compte 72 branches dont la principale, celle sur laquelle est située *Astrakan*, n'a plus que 2 à 4 mètres de profondeur. Il est très-riche en poissons, surtout en esturgeons dont les œufs forment le caviar, mets national en Russie.

Le *bassin du Volga* comprend plus de 1,500,000 kilomètres carrés, c'est-à-dire *trois fois la surface de la France.* Il reçoit un grand nombre d'affluents ; par ceux qui sont les plus rapprochés de ses sources, on a établi des canaux qui le joignent aux bassins de la mer Blanche, de la Baltique et de la mer Noire, ce qui forme pendant l'été une magnifique ligne de navigation fluviale embrassant la moitié de l'Europe. Parmi ses autres affluents, les plus considérables sont : sur la rive droite à Nijni-Novogorod, l'*Oka*, grossie de la Moskowa passant à Moscou ; sur la rive gauche au-dessous de Kazan, la *Kama* venue du plateau de la Russie septentrionale.

Les lacs contenus dans ce bassin sont de deux sortes : les uns, dans le plateau du Valdaï, sont les sources du Volga et de ses affluents supérieurs ; les autres, dans la dépression de la Caspienne, sont des lagunes salées où se perdent quelques rivières saumâtres.

DIX-SEPTIÈME LEÇON.

40. Le bassin de la mer Noire et de la mer d'Azow. — Le BASSIN DE LA MER NOIRE ET DE LA MER D'AZOW est limité à l'est par le Caucase et les collines du

Volga, au nord par la partie de la ligne générale de partage des eaux comprise entre le Valdaï et les Alpes centrales, à l'ouest par les Alpes orientales et les Balkans jusqu'au Bosphore. C'est *le plus considérable de l'Europe par son étendue* et la longueur de quelques-uns de ses fleuves ; mais le peu de profondeur de la mer d'Azow et la configuration de la Mer Noire, dont la Turquie peut fermer l'entrée ou la sortie au Bosphore, diminuent son importance commerciale. Il reçoit les quatre fleuves suivants (voir la carte première, et pour les détails des trois premiers fleuves la carte 14 : RUSSIE) :

Le *Don* (1,270 kilomètres), appelé par les anciens le Tanaïs, prend sa source à 245 mètres d'altitude dans la plaine centrale de la Russie et coule du nord-ouest au sud-est dans un pays fertile, jusqu'au coude par lequel il se rapproche du Volga dans lequel il se perdrait, s'il ne rencontrait les collines qui le repoussent au sud. Pierre-le-Grand avait tenté de réunir par un canal ces deux fleuves si voisins; mais on dut abandonner ce projet à cause de la différence de niveau sur un si petit espace, le Don étant à 42 mètres au-dessus du Volga. Aujourd'hui la communication est établie par un chemin de fer. A partir de ce point, le Don coule au sud-ouest à travers les steppes (§ 35), et se divise avant d'arriver dans la mer d'Azow en un delta souvent submergé, couvert de sables et de roseaux. Il reçoit à droite le *Donetz* traversant le plus vaste bassin houiller de la Russie, et à gauche le Manytch qui semble ouvrir une communication vers la Caspienne (§ 35).

Le DNIEPER (ancien *Borysthène*, 2,310 kilomètres) prend sa source au plateau du Valdaï, à peu de distance de celle du Volga; il coule généralement du nord au sud par Smolensk jusqu'à *Kiew*, où il a plus de 600 mètres de large et 16 mètres de profondeur. Là il incline fortement au sud-est jusqu'au-dessus d'Alexandrowsk, où la *navigation est interrompue par* 13 *chutes ou cataractes* ayant ensemble une pente de 42 mètres. Elles sont produites par un banc de rochers granitiques, joignant les deux rives du fleuve à travers son lit. A partir de ce point le Dnieper, qui coulait jusque-là comme le Volga et le Don entre des côteaux, s'évase également en une large vallée et se divise en plusieurs canaux, embrassant des îles nombreuses couvertes de chênes, de saules et de peupliers. Comme le Don, il tourne entièrement au sud-ouest et débouche au-dessous de Kherson par un estuaire ou *liman* large de 4 kilomètres, mais peu profond et ouvert seulement par 3 ou 4 passes entre des bancs de sables. Dans ce liman vient se jeter le *Boug*, également embarrassé de cataractes. Les affluents proprement dits du Dnieper sont : sur la rive gauche, la Desna arrosant un pays fertile ; sur la rive droite, la *Bérezina* célèbre par le désastre des Français en 1812, et le *Prypet* traversant les *marais les plus considérables de l'Europe*. Ils se composent d'espaces inondés et entrecoupés de forêts immenses où l'on chasse l'ours et l'élan. Des canaux ont été construits pour les dessécher et faire communiquer en même temps le Prypet avec le Bug, affluent de la Vistule, c'est-à-dire la Mer Noire avec la Baltique.

Le *Dniester* (Tyras) beaucoup moins considérable sort des Carpathes, et comme les fleuves précédents arrose d'abord des pays fertiles ; puis dans la région des steppes il s'élargit, s'ensable et débouche dans un grand *liman* où les navires ne trouvent pas plus de 2 mètres de profondeur.

41. Le Danube (*Ister* ou *Danubius*), le *second fleuve de l'Europe par sa longueur* (2,800 kilomètres), naît au sud de la Forêt-Noire, à 682 mètres d'altitude (voir pour l'étude de ce fleuve, outre la carte générale des eaux de l'Europe, les cartes particulières : 3 Europe centrale, 9 Empire

D'Autriche, 13 Turquie et Grèce). Il coule d'abord au nord-est par Ulm où il est navigable, et *Ratisbonne* le point le plus septentrional de son cours ; puis il incline faiblement au sud-est par Vienne, jusqu'au-dessus de Pesth en Hongrie. Dans cette première partie de son cours, il est généralement resserré à gauche par les escarpements du Jura franconien et des monts de Bohême ; à droite il est bordé de vastes plaines aux environs de Ratisbonne, et surtout entre Vienne et Pesth, où divisé en plusieurs bras, il forme des îles nombreuses dont l'une (la grande Schutt) n'a pas moins de 80 kilomètres de long sur 24 de large. Au-dessus de Pesth il est resserré entre les dernières terrasses du petit Carpathe (§ 23) et celles du Bakony-Wald, chaînon isolé sur la rive droite, qui l'enferment dans un défilé et le forcent à tourner au sud. Il coule alors dans la plaine de Hongrie sur un lit coupé de grandes îles et de canaux, bordé de forêts et de marécages. Au confluent de la Drave, les prolongements des Alpes de Croatie (§ 19) l'obligent à reprendre la direction de l'est jusqu'à son embouchure. Un nouveau défilé bien plus important se présente : c'est celui des *Portes-de-fer*, où pressé entre les rameaux des Carpathes (§ 23) et des Balkans qui viennent se joindre dans son lit, il *forme des rapides praticables seulement à la descente*, lors des grandes eaux et avec beaucoup de difficultés. Ses deux rives se dressent en murailles escarpées de 300 mètres de hauteur ; d'énormes rochers se montrent à sa surface, et son lit, large de 1,300 mètres à Belgrade, se resserre à 80 mètres. Au-delà se voient les ruines du *Pont de Trajan*, formé de 20 arches (dont il ne reste que les débris de cinq piles) entre les deux rives distantes en cet endroit de 100 mètres. Il arrive ainsi dans la plaine de Roumanie (§ 22). Sa rive droite, appuyée sur les derniers gradins des Balkans, domine la rive gauche ; celle-ci est bordée de flaques d'eaux stagnantes formées par des bras secondaires entre lesquels s'étendent des îles basses, boisées ou couvertes de roseaux gigantesques. Au-dessous de Silistrie, le fleuve coule du sud au nord jusqu'à Galatz au confluent du Sereth; les marécages augmentent, surtout sur la rive gauche absolument impraticable et inhabitée sur une largeur de 30 kilomètres; la rive droite borde la PLAINE DE LA DOBRUDCHA, moins basse mais tout aussi insalubre. A *Galatz*, le Danube coule de nouveau de l'ouest à l'est, mais pour traverser d'abord un pays tellement inondé que la terre semble disparaître sous les eaux, puis pour se diviser en un delta occupant 138 kilomètres du rivage et composé de trois bras : celui de Kilia au nord, de *Soulina* au centre et de Saint-Georges au sud. Des lagunes marécageuses le flanquent au nord et au sud jusqu'à une assez grande distance.

La *principale bouche est celle de la Soulina;* mais elle était devenue il y a vingt ans si ensablée qu'il était presque impossible de la parcourir. Après la paix de Paris (30 mars 1856) qui enleva ce territoire aux Russes pour le donner à la Roumanie, une *Commission européenne*, formée des délégués des puissances signataires de ce traité *a été établie à Galatz pour faire exécuter les travaux nécessaires à la navigation du fleuve;* aujourd'hui près de 3,000 navires remontent cette bouche jusqu'à Galatz pour y prendre les blés de la Roumanie.

Le Danube reçoit un grand nombre d'affluents. Les principaux sont : à droite, l'Isar qui passe à Munich en Bavière, l'*Inn*, la Leitha, la *Drave* et la *Save*, rivières longues et parallèles; à gauche, l'*Altmuhl*, la March ou Morawa tombant près de Vienne; la *Theiss*, grand affluent venu des Carpathes et grossi lui-même de beaucoup de rivières considérables; plus près de l'embouchure, l'*Aluta* franchissant la passe de la Tour-Rouge (§ 23), le Séreth et le *Pruth*.

Les lacs de ce bassin sont de deux sortes : les lacs du plateau de Bavière peu étendus, mais situés à une assez grande altitude; les lacs de la plaine de Hongrie, entre autres le *Platten* ou *Balaton* dont la surface est de 630 kilom. carrés et la profondeur de 20 mètres environ ; il ne communique avec le Danube que par une petite rivière marécageuse. Un autre lac, le Neusiedel situé au sud des îles de Schutt, n'avait que 2 à 4 mètres de profondeur ; il a été récemment desséché.

Le Danube est surtout *important par la direction de son cours.* Traversant toute l'Europe centrale par l'Allemagne, l'Autriche et la Turquie, il *unit l'Orient à l'Occident*, surtout depuis que son affluent l'Altmuhl a été joint par le *canal Louis* en Bavière avec le Mayn, affluent du Rhin. Un *navire peut aussi entrer par la mer du Nord et sortir par la mer Noire.*

DIX-HUITIÈME LEÇON.

42. Le bassin de la Méditerranée. — A l'opposé des deux bassins précédents, largement développés sur de vastes territoires, le BASSIN DE LA MÉDITERRANÉE *n'occupe qu'une étendue relativement peu considérable.* (Voir outre la carte générale des eaux de l'Europe, les cartes particulières : 13 TURQUIE ET GRÈCE, 12 ITALIE, 11 ESPAGNE ET PORTUGAL). C'est que tout découpé en îles et en presqu'îles, il est de plus enveloppé au nord-est par les Balkans et les Alpes orientales ; au nord-ouest par les grandes Alpes, les Cévennes, les Pyrénées, les monts Ibériques et la Sierra Nevada, *toutes chaînes peu distantes de la mer.* Il en résulte également que ses fleuves ont peu d'étendue ; mais ils ont tous une grande célébrité historique, ce bassin ayant été depuis l'antiquité le théâtre des grands faits de l'histoire et le centre de tout le commerce de l'ancien continent jusqu'au XVIe siècle. Il le redevient aujourd'hui, depuis l'ouverture du canal de Suez entre la Méditerranée et l'Océan Indien, ce qui explique l'importance commerciale toujours croissante des grands ports situés sur ses détroits ou près de l'embouchure de ses fleuves : Constantinople, Trieste, Livourne, Marseille, Barcelone.

Les principaux de ces fleuves sont : dans le bassin de la Méditerranée orientale, la *Maritza* (Ebre ancien), le Strouma (Strymon), le Vardar (Axius), la Salembria (Pénée) tombant dans l'Archipel; l'*Adige* et le Pô dans l'Adriatique. Le Pô (*Padus ou Eridanus*) sort du mont Viso, dans les Alpes occidentales à la hauteur de 2,000 mètres, et coule de l'ouest à l'est dans un large lit bordé d'arbres à travers la fertile plaine de Lombardie par *Turin*, Plaisance et près de *Ferrare* ; le terrain devient alors marécageux, le Pô se divise en un grand nombre de bras formant un Delta analogue à celui du Danube; il a comme lui une branche principale, le *Pô della Maestra*, et il est flanqué de lagunes : au sud celles de Comacchio, au nord les célèbres *lagunes de Venise* où débouche la *Brenta*. On a vu plus haut dans la description de l'Adriatique (§ 9) quels atterrissements il a déposés sur le rivage occidental de cette mer.

Dans le bassin de la Méditerranée occidentale tombent d'abord les fleuves Italiens : le TIBRE qui passe à ROME, l'*Arno* à *Florence* et à Pise et débouche au nord de Livourne; puis nos fleuves français : le Var, le RHÔNE, l'Hérault et *l'Aude*. Le Rhône est de beaucoup le plus important par la longueur de son cours et la forme de son embouchure; c'est un Delta comme ceux du Danube et du Pô avec le bras du grand Rhône à l'est, voisin du port de Marseille, et celui du petit Rhône à l'ouest. L'île qu'ils renferment s'appelle *la Camargue*; elle est remplie d'étangs marécageux qui se prolongent également à l'est du fleuve et surtout à l'ouest où le courant porte les sables sur les côtes du Languedoc. Le principal affluent du Rhône est la *Saône* qui n'étant séparée de la Loire, de la Seine et du Rhin que par des plateaux d'une médiocre latitude, a pu être réunie avec eux par trois canaux et joindre ainsi les deux mers. Il en est de même de l'*Aude*, digne pour cette raison d'être mentionnée particulièrement après le Rhône; étant voisine du col de Naurouze dont se rapproche singulièrement du côté opposé le cours de la Garonne, elle a été unie à ce dernier fleuve par le *Canal du Midi* dans la partie la plus abaissée et surtout la plus étroite du grand triangle européen. (§ 2).

Les fleuves orientaux de l'Espagne complètent le bassin de la Méditerranée; le *Llobrégat*, débouchant près de Barcelone; l'ÈBRE, passant à Sarragosse et grossi de la Sègre dont la source appartient à la France dans les Pyrénées; le Xucar et la Segura.

Il y a deux sortes de lacs dans ce bassin : 1° les lacs étagés sur le flanc méridional des Alpes (§ 17), LAC LÉMAN ou lac DE GENÈVE, le plus considérable de cette région (620 kilomètres carrés) et traversé par le Rhône, et les lacs italiens remplis par les affluents du Pô, *lac Majeur* par le Tessin, *lac de Côme* par l'Adda, LAC DE GARDE par le Mincio; 2° les lacs volcaniques de la région centrale de l'Italie (§ 20), *lac de Pérouse*, de Bolséna, de Bracciano, etc.

DIX-NEUVIÈME LEÇON.

43. Le bassin de l'Atlantique proprement dit. — Au détroit de Gibraltar commence le versant nord-ouest de l'Europe. Il comprend d'abord le BASSIN DE L'ATLANTIQUE proprement dit depuis le détroit jusqu'au nord de l'Écosse, c'est-à-dire le golfe de Gascogne, la Manche et la mer d'Irlande. *Ce bassin*, peu important dans l'antiquité et au moyen âge, *est devenu à partir du XVIe siècle le premier de l'Europe*, par l'étendue de ses relations commerciales depuis la découverte de l'Amérique et celle de la route des Indes par le cap de Bonne-Espérance. C'est la voie qu'ont suivie d'abord les Portugais et les Espagnols, puis les Hollandais, les Français et les Anglais pour fonder leurs immenses colonies et leur vaste commerce. Aux bouches ou près des embouchures des principaux fleuves qu'il reçoit, sont les grandes villes maritimes de l'Europe moderne. Ces fleuves sont les suivants : (voir, outre la carte générale des eaux de l'Europe, les cartes particulières : 11 ESPAGNE ET PORTUGAL; 6 ILES BRITANNIQUES; 5 et 8 EUROPE CENTRALE ET ALLEMAGNE pour le bassin de la mer du Nord).

En Espagne : le *Guadalquivir* finissant au-dessous de Séville et près de Cadix, la Guadiana, le TAGE se terminant à Lisbonne par une vaste embouchure appelée la *mer de Paille*, le *Douro* à Oporto, et le Minho. Les quatre premiers de ces fleuves sont étendus; mais coulant sur l'aride plateau de l'Espagne centrale (§ 31) ils manquent souvent d'eau (la Guadiana se perd même quelque temps au milieu des marais et des joncs) et sont presque partout innavigables.

En France : la GIRONDE finissant au-dessous de *Bordeaux*, la Charente près de Rochefort, la LOIRE au-dessous de *Nantes*, la SEINE arrosant PARIS, *Rouen*, et débouchant au *Hâvre* dans la Manche ; la Somme.

Dans les Iles Britanniques : la Severn tombant au-dessous de Bristol; la MERSEY près de LIVERPOOL, et la *Clyde* en aval de *Glasgow* ; le Shannon en Irlande. Tous ces fleuves débouchent par de larges estuaires, où le courant du Gulf-Stream (§ 4) et les fortes marées ont creusé des ports excellents.

Les lacs sont rares dans ce bassin. Le plus considérable est le *lac Neagh* (380 kilomètres carrés) au nord de l'Irlande.

44. Le bassin de la mer du Nord. — Avec le bassin de l'Atlantique, le BASSIN DE LA MER DU NORD *est le plus important de l'Europe moderne* pour la politique et le commerce, parce qu'il est le lien des trois plus puissantes nations de l'Europe occidentale, la France, l'Angleterre et l'Allemagne, parce qu'il est largement ouvert à l'ouest comme le précédent et qu'il renferme des fleuves encore plus importants par l'étendue de leurs cours, la profondeur de leurs estuaires et le commerce de leurs ports. Ces fleuves sont :

Dans la Grande-Bretagne : la TAMISE d'un cours de 340 kilomètres seulement, mais arrosant le *premier port commerçant du monde*, LONDRES, au-dessous duquel sa profondeur lui permet de recevoir les plus gros navires ; l'*Humber* débouchant à *Hull;* la Tyne à Newcastle, le Forth près d'Édimbourg.

Dans les Pays-Bas : l'ESCAUT avec le grand port d'*Anvers* en Belgique, et la MEUSE avec celui de *Rotterdam* en Hollande.

45. En Allemagne, le RHIN. Ce puissant fleuve (1350 kilomètres de cours) naît par plusieurs bras dans la partie des Alpes centrales comprise entre le Saint-Gothard et la Maloia (voir le carton de la carte 1re : EUROPE, *carte des eaux*). Comme le Danube, il change souvent la direction de son cours, étant également resserré par plusieurs défilés. Il se dirige d'abord du sud au nord jusqu'au *lac de Constance* qu'il remplit : forcé alors de tourner vers l'ouest par le plateau qui relie les Alpes à la Forêt-Noire, il coule jusqu'à Bâle en formant au-dessous de Schaffouse une belle chute de 20 mètres. A Bâle son lit est comme étranglé entre les chaînons opposés de la Forêt-Noire et du Jura, resserré à 250 mètres de largeur, et le fleuve rejeté au nord où il coule près de Strasbourg jusqu'à Mayence dans la belle plaine d'Alsace, entre les mamelons parallèles de la Forêt-Noire et des Vosges, au milieu d'un dédale d'îles où sa largeur atteint 2 à 3 kilomètres. A Mayence, nouveau et long défilé entre les rameaux contraires des Vosges et du Taunus, et nouvelle direction de plus en plus inclinée au nord-ouest; il coule d'abord au milieu de côteaux pittoresques couronnés de *burgs* ou anciennes forteresses féodales, puis entre dans la grande plaine des Pays-Bas où il arrose Cologne. A la frontière de Hollande, il se *partage en quatre bras :* trois suivent l'inclinaison générale au nord-ouest, le *Wahal* et le *Leck* se mêlant à la Meuse, le VIEUX RHIN se jetant directement dans la mer du Nord. Le quatrième, l'*Yssel*, était primitivement un fleuve particulier que Drusus, beau-fils d'Auguste, joignit au Rhin par un canal; il débouche dans le Zuyderzée.

Le Rhin reçoit un grand nombre d'affluents : sur la rive droite, le *Mayn* dont le cours fort important traverse le centre de l'Allemagne par de nombreuses sinuosités et *est joint par le canal Louis au Danube* (§ 41); à gauche, l'*Aar* grossi d'un grand nombre d'affluents en Suisse; l'*Ill* traversant la plaine d'Alsace et finissant à Strasbourg; la *Moselle*, française seulement dans son cours supérieur, puis arrosant en Allemagne Metz, Trêves et finissant à Coblentz.

Il n'y a de lacs que dans le bassin supérieur où ils sont étagés sur le flanc septentrional des Alpes, comme les lacs italiens sur le flanc méridional. Ce sont : le LAC DE CONSTANCE traversé par le Rhin, les lacs de Brienz et de Thun par l'Aar, le *lac de Lucerne* ou des *Quatre-cantons*, le *lac de Zurich* et le LAC DE NEUFCHATEL, par des affluents de cette rivière. Le bassin inférieur est rempli au contraire de bas-fonds et de marécages. En revanche, la nature du terrain a permis de creuser avec la plus grande facilité des canaux entre le Rhin, la Meuse et l'Escaut, c'est-à-dire de joindre au grand avantage du commerce le nord et l'est de la France avec la Belgique, la Hollande et l'Allemagne septentrionale.

Il en est de même des autres fleuves allemands tributaires de la mer du Nord, l'Ems, le Weser et l'Elbe. Le premier débouche dans le golfe de Dollart creusé comme le Zuyderzée par les irruptions de la mer sur ces côtes basses (§ 6). Les autres se terminent par des estuaires proprement dits : le *Weser* au-dessous de Brême ; l'Elbe sorti des monts des Géants arrose d'abord le quadrilatère de Bohême, puis entre au-dessous de *Dresde* dans la plaine de la Basse-Allemagne où il passe par *Magdebourg* et finit au-dessous d'*Hambourg*, la plus grande place commerçante de toute l'Allemagne. Entre les vallées inférieures de ces trois fleuves, s'étendent de tristes bruyères et des marécages insalubres. Les principaux affluents de l'Elbe sont : la *Moldau* en Bohême, et le Havel grossi de la *Sprée* qui passe à Berlin.

Les Alpes scandinaves versent à la mer du Nord deux fleuves : le Glommen, et surtout la *Gota* descendant par des cataractes du *lac Wener*, le plus grand de la Suède (5,300 kilomètres carrés)[1].

VINGTIÈME LEÇON.

46. Le bassin de la Baltique. — Ces deux fleuves scandinaves tombent dans les détroits du Skager-Rack et du Cattegat qui, avec le Sund, joignent la mer du Nord à la Baltique. Le Bassin de la Baltique, plus vaste que le précédent, a beaucoup moins d'importance politique et commerciale ; non-seulement cette mer est gelée pendant une partie de l'année avec la plupart de ses fleuves ; mais encore, de même que le bassin de la mer Noire auquel il correspond, le bassin de la Baltique est resserré par des détroits que la puissance riveraine, le Danemark,

1. L'étude des fleuves français étant l'objet de plusieurs leçons dans le cours de Quatrième, on a dû se borner dans ce chapitre à une simple énumération.

peut ouvrir ou fermer à volonté. Le Sund et Copenhague sont, avec beaucoup moins d'importance, le Bosphore et la Constantinople de l'Europe septentrionale.

Le *bassin de la Baltique* est aussi *un des plus abaissés qu'il y ait en Europe*, n'étant limité que d'un côté à l'ouest par une véritable chaîne, les Alpes scandinaves ; au nord et à l'est le plateau de Finlande et celui de Valdaï sont de faibles éminences; au sud-est et au sud-ouest la plaine de Pologne (§ 37) est bien plus basse encore, ainsi que le dos de pays faisant suite aux monts des Géants et interposé entre l'Elbe et l'Oder. Aussi *nulle part les communications par canaux ne sont plus faciles*, et *nulle part on ne rencontre un plus grand nombre de lacs*. Le sol en est criblé pour ainsi dire, soit au sud au milieu des plaines sablonneuses entre l'Elbe et la Vistule, soit sur le plateau granitique de Suède et de Finlande au nord-est; le plus étendu est le *lac Saïma*, recevant les eaux de plus de 50 autres lacs et joint par un canal au golfe de Finlande. Les plus grands lacs donnent passage à des fleuves. Ceux-ci sont remarquables par la forme de leur embouchure : au lieu de s'ouvrir en estuaire comme dans les mers larges et balayées par de fortes marées, l'Atlantique propre et la mer du Nord, les fleuves de la Baltique se terminent par des Deltas comme ceux des mers isolées (Caspienne), ou à demi-fermées dans lesquelles la marée est presque inconnue (mer Noire, Adriatique, Méditerranée occidentale). Ces fleuves sont : (voir pour les premiers fleuves la carte 3 EUROPE CENTRALE, et pour les autres les cartes 14 RUSSIE et 15 ÉTATS SCANDINAVES).

L'ODER sort des monts Sudètes et coule d'abord entre des hauteurs boisées; mais au-dessous de Francfort ses berges deviennent plates, sa pente presque nulle, et son lit se partage entre plusieurs canaux coulant au milieu de plaines marécageuses. Après Stettin, il s'élargit en une lagune appelée *Haff* et se jette par trois embouchures entre les îles de Wollin et d'Usedom. Son principal affluent est la Wartha sur la rive droite.

La Vistule plus étendue (1000 kilomètres), presente les mêmes caractères. Son lit est large, mais la navigation y est difficile à cause des bancs de sable et des eaux fangeuses, surtout au-dessous de Varsovie où elle entre dans la plaine basse. Près de la mer, elle forme un delta par sa division en deux bras : l'un, la Vistule propre, finit au-dessous de Dantzig ; l'autre va se jeter dans une lagune, le *Frische-Haff*, analogue à celle où se termine l'Oder. Son principal affluent est le Bug joint par un canal au Dnieper à travers les marais du Prypet (§ 40) ; la Vistule elle-même est unie dans son cours inférieur à l'Oder et celui-ci à l'Elbe par des canaux tracés dans les sillons des lacs de cette région.

47. — Le *Niemen* dans un cours peu étendu change trois fois de direction, coulant d'abord de l'est à l'ouest, puis du sud au nord, et de nouveau de l'est à l'ouest jusqu'à ce qu'il tombe dans une lagune, le *Kurische Haff*, par un delta encore plus considérable que celui de la Vistule.

La *Duna* sort du plateau du Valdaï à peu de distance des sources du Volga et du Dnieper, laissant entre elle et ce dernier fleuve une trouée importante qui donne accès au cœur de la Russie; elle est généralement peu profonde, embarrassée de rochers et de hautes herbes. Elle finit dans le golfe de Livonie, au port de *Riga*.

Le golfe de Finlande reçoit la Narva qui lui apporte les eaux du *lac Peïpous* (2480 kilomètres carrés) et ensuite la Néva. Cette rivière sort du lac Ladoga, le *plus vaste de l'Europe* (15,900 kilomètres carrés) ; il est très-poissonneux, abondant en saumons, en esturgeons, en brochets ; il est surtout le centre d'un vaste système de rivières et de lacs : au sud le *lac Ilmen*, au nord le *lac Onéga* (8,300 kilomètres carrés) que lui amène le Svir. La *Néva est le déversoir de toutes ces eaux* et met ainsi SAINT-PÉTERSBOURG où elle passe, en communication avec le centre et le nord de la Russie par les canaux qui unissent ces lacs au Volga et à la Dwina, c'est-à-dire à la Caspienne et à la mer Blanche; elle finit au-dessous de la capitale, en face de l'île fortifiée de *Cronstadt*. Mais elle n'a pas plus de 3 mètres d'eau à son embouchure ; elle gèle de novembre en avril; et lors des équinoxes, les vents d'ouest refoulent violemment ses eaux dont le débordement cause souvent d'affreux ravages dans les quartiers bas de Saint-Pétersbourg.

La Baltique reçoit à l'ouest un grand nombre de fleuves descendus des Alpes scandinaves : la *Tornéa*, la Pitéa, l'Umea, le Dal coulant d'abord comme les fleuves de Suisse dans des vallées étroites où ils traversent des lacs échelonnés le long des montagnes (§ 33) et se précipitent par de nombreuses cascades. Des lacs d'un autre genre, analogues à ceux de la Russie, couvrent le plateau de Gothie au sud: les lacs Mœlar, Hielmar, surtout le *lac Wetter* uni au lac Wener et à la Baltique par un canal qui permet de passer de la Baltique dans la mer du Nord sans traverser le Sund.

48. Le bassin de l'océan glacial. — Le moins important de tous les bassins de l'Europe est LE BASSIN DE L'OCÉAN GLACIAL, à cause de la rigueur du climat qui interrompt pendant 9 mois la navigation dans la mer Blanche et sur les fleuves de ce versant. Ce sont : l'Onéga, la Dwina, le Mezen et le Petchora. Leur cours supérieur traverse d'immenses forêts; leur cours inférieur, des toundras marécageuses (§ 35). Un seul a quelque importance : c'est la *Dwina*, formée de deux grands bras dont l'occidental est joint par des canaux au bassin du Volga et de la Neva, ce qui réunit *Arkhangel* port situé à son embouchure dans la mer Blanche, avec Saint-Pétersbourg dans la Baltique et Astrakhan sur la Caspienne.

DEUXIÈME PARTIE

Géographie politique.

CHAPITRE IV.

VINGT-ET-UNIÈME LEÇON.

49. La division politique de l'Europe. — L'Europe est aujourd'hui (1877) partagée entre quinze États souverains[1], que l'on peut répartir entre quatre régions géographiques :

1° *États du nord-ouest :* la France[2], les Iles Britanniques, les Pays-Bas, la Belgique.

2° *États du centre :* l'Allemagne, l'Autriche-Hongrie, la Suisse.

3° *États du sud :* le Portugal, l'Espagne, l'Italie, la Grèce, la Turquie.

4° *États du nord-est :* la Russie, la Suède et Norvége, le Danemark.

I. ÉTATS DU NORD-OUEST

1° *Les Iles Britanniques.*

50. Les ILES BRITANNIQUES ont pour bornes : au nord et à l'ouest, l'*océan Atlantique ;* au sud, la *Manche ;* à

1. En comptant pour un seul Etat les Confédérations ainsi que les Royaumes ayant le même souverain, et sans tenir compte des petits Etats protégés ou tributaires.

2. Pour mention, l'étude de sa géographie faisant l'objet du cours de *quatrième.*

l'est, le *Pas-de-Calais* et la *mer du Nord* (voir la carte 6, ILES BRITANNIQUES).

Elles se composent de deux grandes îles : la GRANDE-BRETAGNE ET L'IRLANDE ; de trois petits archipels situés au nord : les *Orcades*, les *Shetland* et les *Hébrides* ; de deux îles dans la mer d'Irlande : Man et Anglesey ; et de cinq îles dans la Manche : les Scilly ou Sorlingues, Wight, *Aurigny*, *Guernesey* et *Jersey*. Ces trois dernières, voisines de la côte de France, sont appelées ILES ANGLO-NORMANDES parce qu'elles faisaient anciennement partie de la Normandie dont le duc, Guillaume-le-Conquérant, s'empara en 1066 de l'Angleterre ; elles restèrent attachées à ce dernier royaume quand Philippe-Auguste enleva aux rois Anglais le duché de Normandie.

Les Iles Britanniques se divisent d'abord en *trois royaumes* unis sous le même souverain : l'ANGLETERRE, à laquelle est jointe la *principauté de Galles ;* l'ÉCOSSE ; l'IRLANDE. De là le nom de ROYAUME-UNI DE GRANDE-BRETAGNE ET D'IRLANDE donné à cet État. Chacun des royaumes est divisé en *comtés* portant presque tous le même nom que leur chef-lieu.

51. La capitale est LONDRES, la ville la plus peuplée (3,266,000 habitants) et le plus grand marché du monde. Elle est située sur la Tamise qui la sépare, comme la Seine fait à Paris, en deux parties inégales dont la plus considérable est au nord. (Voir le plan de Londres dans la carte des Iles Britanniques et la figure 7.) Elle couvre de ses maisons et de ses usines une étendue de 13 kilomètres en longueur, et se divise en plusieurs parties : au milieu, la CITÉ, berceau de la ville et aujourd'hui le principal centre des affaires, avec deux monuments célèbres : la *Tour de Londres* ancienne forteresse et prison d'État, et *Saint-Paul* la cathédrale, surmontée d'un dôme soutenu par des colonnes et assez semblable au Panthéon de Paris (c'est le monument représenté à gauche sur la figure 7). A l'ouest, WESTMINSTER, renfermant les quartiers les plus riches et les demeures de la noblesse, la belle *abbaye de Westminster* sépulture des rois et des grands hommes, le *palais du Parlement* et les parcs, Hyde-Park et *Regent's-Park*, analogues à notre Bois de Boulogne à Paris. A l'est, le QUARTIER DES DOCKS, vastes magasins situés sur la Tamise ou sur les bassins creusés entre ses replis. Comme l'établissement d'un pont dans

Fig. 7. — Vue de Londres.

cet endroit aurait gêné la navigation, un *tunnel* ou passage souterrain sous la Tamise y a été pratiqué par l'ingénieur français Brunel.

Les Iles Britanniques sont le pays de l'Europe qui *renferme le plus de grandes villes*, parce que nulle part l'industrie et le commerce ne sont aussi florissants : on compte jusqu'à 18 *villes peuplées de plus de* 100,000 *habitants*. En Angleterre, LIVERPOOL sur la Mersey, et MANCHESTER forment chacune une agglomération de près de

500,000 personnes occupées du commerce et de la fabrication du coton ; *Leeds* dans le comté d'York, centre du travail de la laine et *Birmingham* centre de celui du fer comptent ensemble plus de 600.000 âmes. Viennent ensuite les grands ports : *Southampton* et *Portsmouth* sur la Manche, en face l'île de Wight; *Hull* à l'embouchure de l'Humber, et *Newcastle* d'où l'on exporte la houille, sur la mer du Nord ; les ports de Douvres et de *Folkstone* sont les plus fréquentés pour le passage du détroit entre Calais et Boulogne en France.

En Écosse : ÉDIMBOURG la capitale, ayant Leith pour port sur le golfe de Forth (voyez le plan dans la carte) ; ville principale GLASGOW, sur la Clyde (477,000 habitants), la rivale de Manchester et de Birmingham pour le travail du coton et du fer.

En Irlande : DUBLIN la capitale (voir le plan); ville principale *Belfast* (174,000 habitants), le centre de la fabrication du lin et du coton.

2° *Les Pays-Bas.*

VINGT-DEUXIÈME LEÇON.

52. Le ROYAUME DES PAYS-BAS, appelé ainsi de la nature du sol situé dans quelques parties au-dessous même du niveau de la mer (§ 6), et nommé aussi Royaume de Hollande du nom de sa principale province, a pour limites : au nord et à l'ouest, la *mer du Nord;* au sud, la *Belgique ;* à l'est, la *Prusse.*

Fig. 8.

La capitale est AMSTERDAM, mais le gouvernement réside à *La Haye.* Amsterdam (281,000 habitants) est située sur la rive méridionale du golfe de l'Y, qui débouche dans le Zuyderzée (voir fig. 8, le plan ci-joint) ; elle est coupée par des canaux qui forment une série de demi-cercles concentriques (voir la figure 9, qui représente la vue d'un de ces canaux), et bâtie sur un terrain tellement marécageux que tous les édifices ont dû être élevés sur pilotis. Ces canaux partagent la ville en 90 îles communiquant par 280 ponts; aussi a-t-on appelé pour cette raison Amsterdam « la Venise du Nord, » et aussi parce qu'elle est depuis 300 ans une grande place de commerce maritime.

Fig. 9. — Vue d'Amsterdam.

Les Pays-Bas sont divisés en 11 provinces :

3 à l'ouest : *Hollande du Nord* dans laquelle est Amsterdam, chef-lieu Haarlem au sud de laquelle s'étendait une petite mer aujourd'hui desséchée, *Hollande du sud*, chef-lieu La Haye; ville principale, *Rotterdam* sur la Meuse, maintenant plus importante qu'Amsterdam même pour le commerce maritime ; *Zélande*, formée d'îles basses et défendues par des digues au milieu des bras de l'Escaut et de la Meuse; chef-lieu Middelbourg dans l'île de Walcheren.

2 au sud : *Brabant*, chef-lieu Bois-le-Duc ; *Limbourg*, chef-lieu Maestricht sur la Meuse.

1 au centre : *Utrecht*, chef-lieu Utrecht sur le Rhin.

2 à l'est : *Gueldre*, chef-lieu Arnheim ; *Over-Yssel*, chef-lieu Zwolle.

3 au nord : *Drenthe*, chef-lieu Assen ; *Frise*, chef-lieu Leeuwarden ; *Groningue*, chef-lieu Groningue.

Le roi des Pays-Bas gouverne aussi le GRAND-DUCHÉ DE LUXEMBOURG, pays tout à fait distinct de la Hollande et situé entre la Belgique, la France et la Prusse ; capitale *Luxembourg*.

3° *La Belgique.*

53. Le ROYAUME DE BELGIQUE a pour limites : au nord, les *Pays-Bas ;* à l'ouest, la *mer du Nord ;* au sud, la France ; à l'est, le *Grand-duché de Luxembourg* et la *Prusse*.

La capitale est BRUXELLES sur la Senne (186,000 habitants), grande et belle ville avec de curieux monuments anciens, l'église de Sainte-Gudule et surtout l'Hôtel de ville, le plus bel édifice de ce genre qui soit en Europe ; il est surmonté d'une flèche aussi hardie que délicatement sculptée, haute de 106 mètres (fig. 10, plan de Bruxelles).

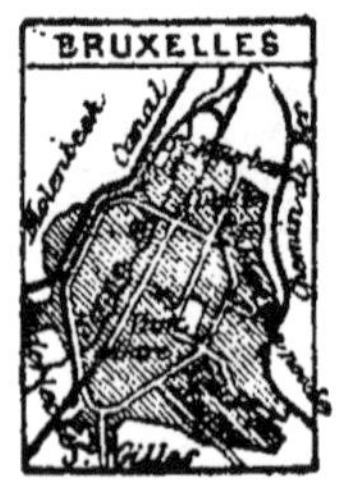

Fig. 10.

La Belgique est partagée en 9 provinces :

2 à l'ouest : *Flandre occidentale*, chef-lieu Bruges ; *Flandre orientale*, chef-lieu *Gand*, le principal centre du travail du lin et du coton.

3 au sud ; *Hainaut*, chef-lieu Mons ; *Namur*, chef-lieu Namur ; *Luxembourg*, chef-lieu Arlon.

2 à l'est : *Liége*, chef-lieu Liége au centre de l'exportation des houilles et du travail du fer ; *Limbourg*, chef-lieu Hasselt.

1 au centre : *Brabant*, chef-lieu *Bruxelles* capitale du royaume.

1 au nord : *Anvers*, chef-lieu Anvers sur l'Escaut profond en cet endroit de 15 mètres; aussi cette ville est-elle fort importante pour le commerce maritime. C'est aussi une place très-forte ; parmi ses monuments, on remarque la cathédrale dont la flèche a 122 mètres de hauteur.

II. ÉTATS DU CENTRE.

1° *L'Allemagne.*

VINGT-TROISIÈME LEÇON.

54. L'ALLEMAGNE a pour limites : au nord la *mer du Nord*, le *Danemark* et la *Baltique ;* à l'est la *Russie ;* au sud *l'Autriche* et la *Suisse ;* à l'ouest la *France*, la *Belgique* et la *Hollande* (voir la carte 8 : ALLEMAGNE).

L'EMPIRE ALLEMAND, tel qu'il existe aujourd'hui dans ces limites, n'a été formé qu'en 1871 à la suite de la guerre contre la France, quand tous les petits États se sont unis au plus puissant, la PRUSSE, *dont le roi a été proclamé empereur d'Allemagne.* L'EMPIRE ALLEMAND EST DONC UNE CONFÉDÉRATION D'ÉTATS, c'est-à-dire que chacun d'eux garde une partie de son administration intérieure distincte, tout en étant politiquement uni sous la direction de la Prusse. Cet *empire se compose de* 26 *États*, dont les principaux sont :

55. Le ROYAUME DE PRUSSE, comprenant presque toute la plaine de la basse Allemagne et *divisé en* 11 *provinces*, dont 6 à l'est de l'Elbe et 5 à l'ouest de ce fleuve : les premières sont :

1° La *Prusse* propre qui a donné son nom à tout l'État, chef-lieu Kœnigsberg ; ville principale Dantzig, à l'embouchure de la Vistule; 2° la *province de Posen*, partie de l'ancienne Pologne usurpée par la Prusse, chef-lieu Posen ; 3° la *Silésie*, chef-lieu Breslau ; 4° le *Brandebourg* centre de la monarchie, chef-lieu BERLIN, capitale du royaume, sur la Sprée (826,000 habitants) au milieu d'une plaine sablonneuse. (Voir le plan dans la carte d'Allemagne et la figure 11.) C'est la ville la mieux bâtie de l'Allemagne. On y remarque surtout à l'une des entrées de la ville « la porte de Brandebourg » bâtie dans le style des Propylées d'Athènes et une grande avenue

Fig. 11. — Vue de Berlin.

dite « Sous-les-Tilleuls » plantée de six rangées d'arbres, large de 50 mètres et longue de 1,300 ; ville principale *Potsdam*, la seconde résidence royale ; 5° la *Poméranie*, chef-lieu Stettin ; 6° le *Sleswig-Holstein* conquis sur le Danemark, chef-lieu Sleswig.

Les provinces à l'ouest de l'Elbe sont :

7° La *Saxe prussienne*, chef-lieu Magdebourg ; 8° Le *Hanovre*, chef-lieu Hanovre ; 9° La *Hesse-et-Nassau*, chef-lieu Cassel, ville principale Francfort-sur-le Mayn ancienne ville indépendante avant 1866; 10° La *Westphalie*, chef-lieu Munster; 11° La *province du Rhin*, chef-lieu Coblentz au confluent de la Moselle et du Rhin ; villes principales Cologne sur le Rhin et Trèves sur la Moselle, anciennes villes romaines.

VINGT-QUATRIÈME LEÇON.

56. Entre ces provinces prussiennes sont enclavés un grand nombre de petits États, entre autres :

Le ROYAUME DE SAXE, capitale DRESDE sur l'Elbe ; ville principale, Leipzig.

Les quatre DUCHÉS DE SAXE, composant avec quatre autres petits États le pays appelé « *Thuringe.* » Le principal de ces duchés est celui de SAXE-WEIMAR, capitale Weimar.

Les deux DUCHÉS DE MEKLEMBOURG sur la Baltique, distingués par le nom de leurs capitales : *Schwérin* et *Strélitz.*

Les trois VILLES LIBRES de *Lubeck* sur la Baltique, *Brême* sur le Wéser et HAMBOURG sur l'Elbe. Cette dernière est de beaucoup la plus importante par sa population (339,000 habitants) et son immense commerce avec l'Angleterre et l'Amérique.

57. La *Haute-Allemagne*, c'est-à-dire l'Allemagne du Sud appuyée sur les plateaux élevés qui forment le revers septentrional des Alpes, renferme des États plus considérables : 1° le ROYAUME DE BAVIÈRE le plus étendu après la Prusse, capitale MUNICH (voir le plan de cette ville dans la carte d'Allemagne) ; une province de ce royaume est séparée des autres et située sur le Rhin, au nord de l'Alsace : c'est la *Bavière rhénane* ou *Palatinat*, chef-lieu Spire.

Le ROYAUME DE WURTEMBERG, capitale *Stuttgart*; le GRAND-DUCHÉ DE BADE, capitale *Carlsruhe*; le GRAND-DUCHÉ

DE HESSE, capitale *Darmstadt* ; l'ALSACE-LORRAINE formée des territoires enlevés à la France (14,511 kilomètres carrés et 1,549,000 habitants), capitale STRASBOURG; villes principales, *Mulhouse*, *Colmar* chef-lieu de l'ancien département du Haut-Rhin; *Metz*, chef-lieu de l'ancienne Moselle.

2° *La Suisse.*

VINGT-CINQUIÈME LEÇON.

58. La SUISSE *forme*, *comme l'Allemagne*, *une confédération* dite CONFÉDÉRATION HELVÉTIQUE à cause du nom d'Helvétie que ce pays portait dans l'antiquité. (Voir la carte 10 : SUISSE.)

Elle a pour limites : au nord le *Rhin* et le *lac de Constance* qui la séparent des États allemands de Bade, Wurtemberg et Bavière; à l'est le *Rhin* et des rameaux des *Alpes* du côté de l'Autriche; au sud les ALPES CENTRALES (moins un canton situé au sud de ces montagnes), entre elle et l'Italie; à l'ouest le *lac de Genève*, le *Jura*, le *Doubs* et les *collines de Belfort* qui la séparent de la France et de l'Etat allemand d'Alsace-Lorraine.

On a vu dans l'étude de la géographie physique de l'Europe de quelle importance est la Suisse, si l'on considère le relief du sol et la distribution des eaux (§ 14 et suivants). Cette configuration naturelle fait sa force défensive, parce qu'elle offre dans ses hautes montagnes et dans ses défilés des obstacles presque insurmontables à l'invasion. Malgré son peu d'étendue, elle est politiquement importante; car placée comme un coin entre les quatre grands états de France, d'Allemagne, d'Autriche et d'Italie, ELLE A ÉTÉ DÉCLARÉE NEUTRE COMME LA BELGIQUE, c'est-à-dire que les puissances voisines ne peuvent réclamer son alliance, ni traverser son territoire en temps de guerre. Aussi a-t-elle pu offrir une généreuse hospitalité à notre armée malheureuse à la fin de la funeste guerre de 1871.

La Suisse est une confédération de petites républiques. Les *cantons sont au nombre de* 22, portant la plupart le nom de leur capitale et répartis en nombre inégal entre les trois bassins de fleuves qui se partagent la Suisse.

1 seul au sud, dans le bassin du Tessin : le *canton du Tessin* dont le gouvernement réside tour-à-tour dans les villes de Bellinzona, Locarno et Lugano.

3 au sud-ouest dans le bassin du Rhône : le *Valais*, longue et profonde vallée enfermée entre les hautes murailles des Alpes Pennines et des Alpes Bernoises; chef-lieu Sion; le *Vaud*, chef-lieu Lausanne : le *canton de Genève*, chef-lieu GENÈVE la ville la plus peuplée (47,000 habitants) et la plus commerçante de la Suisse, à l'endroit où le Rhône sort du lac Léman.

18 dans le bassin du Rhin. A l'est vers les sources du fleuve, les *Grisons*, chef-lieu Coire ; le canton d'*Appenzell*, enclavé dans celui de *Saint-Gall*.

Au nord *Thurgovie* ou canton de la Thur (affluent du Rhin), chef-lieu Frauenfeld; *Schaffouse*, *Zurich*, *Argovie* ou canton de l'Aar, chef-lieu Aarau ; *Soleure* ; *Bâle* au coude du Rhin (§ 45) entre la France, l'Allemagne et la Suisse.

A l'ouest dans la région du Jura, *Neufchâtel* sur le lac, et *Fribourg*.

Au centre *Berne* le plus grand canton, chef-lieu BERNE capitale fédérale de la Suisse, c'est-à-dire la ville où résident les autorités qui dirigent la Confédération; *Lucerne* ; *Zug*, le plus petit des cantons ; *Glaris*, *Schwitz*, *Unterwald*, chef-lieu Stanz et Sarnen; *Uri*, chef-lieu Altorf. Ces trois derniers sont appelés *les cantons libérateurs*, parce qu'ils donnèrent au XIVe siècle le signal du soulèvement contre l'Autriche qui voulait asservir ce pays.

3° *L'Autriche-Hongrie.*

VINGT-SIXIÈME LEÇON.

58. L'EMPIRE D'AUTRICHE a pour limites : au nord les *monts Métalliques* (Erz-Gebirge), les *monts Sudètes* et la *Vistule* qui la séparent de la Saxe, de la Prusse et de la Russie; à l'est, la *Russie*; au sud-est et au sud les *Carpathes*, le *Danube*, la *Save* et les *Alpes Dinariques* vers l'Empire Ottoman, l'*Adriatique* et des chaînons des *Alpes* du côté de l'Italie; à l'ouest une partie du cours du *Rhin*, de l'*Inn* et les *monts de la Forêt de Bohême* (Bœhmerwald) le séparent de la Suisse et de la Bavière (voir la carte 9 : EMPIRE D'AUTRICHE).

L'Empire d'Autriche est aussi appelé aujourd'hui AUTRICHE-HONGRIE, parce qu'il forme deux États presque entièrement distincts quoique gouvernés par le même souverain, mais avec le concours de ministres et d'assemblées différentes pour chacun : à l'ouest et au nord les PAYS DE LA COURONNE D'AUTRICHE ; à l'est les PAYS DE LA COURONNE DE HONGRIE.

Les *Pays de la Couronne d'Autriche sont divisés en 14 provinces :*

Dans le bassin supérieur du Danube : 1° *Tyrol*, chef-lieu Innsbruck ; 2° *duché de Salzbourg*, chef-lieu Salzbourg ; 3° *Haute-Autriche*, chef-lieu Linz ; 4° *Basse-Autriche*, chef-lieu VIENNE capitale de l'empire (632,000 habitants). Cette ville est située sur la Wien dont elle a pris le nom, et sur le Danube qui s'y divise en plusieurs bras dont le principal embrasse la belle promenade du *Prater*. (Voir le plan dans la carte d'Autriche et la figure 12 qui représente cette promenade.) L'ancienne ville ou *Stadt* occupe le centre et est entourée de beaux faubourgs. Le principal monument est la *cathédrale de Saint-Étienne*, dont la flèche élégante s'élève à 135 mètres.

5° la *Moravie*, chef-lieu Brunn; 6° la *Styrie*, chef-lieu Grætz; 7° la *Carinthie*, chef-lieu Klagenfurth; 8° la *Carniole*, chef-lieu Laybach. Deux autres petites provinces voisines sont séparées du bassin du Danube par la chaîne des Alpes orientales; 9° l'*Istrie*, chef-lieu *Trieste*, l'un des plus grands ports de la Méditerranée et la principale place de commerce de l'Autriche; 10° la *Dalmatie*, chef-lieu Zara.

Fig. 12. — Vue de Vienne.

3 provinces sont situées au nord dans les bassins des fleuves coulant à la mer du Nord et à la Baltique; 11° la *Bohême* arrosée par l'Elbe, chef-lieu *Prague*; 12° la *Silésie*, chef-lieu Troppau; 13° la *Galicie*, ancienne partie de la Pologne usurpée par l'Autriche, chef-lieu Lemberg; ville principale, Cracovie sur la Vistule.

Une petite province voisine est située en dehors de ces bassins : 14° la *Bukhowine*, chef-lieu Czernowitz.

Les pays de la Couronne de Hongrie ne comprennent que

4 *provinces*, mais beaucoup plus étendues et situées toutes dans le bassin moyen du Danube : 15° le ROYAUME DE HONGRIE, capitale *Bude* ou *Ofen;* ville principale PESTH, bien plus importante et située en face sur le Danube; 16° la *Transylvanie*, chef-lieu Klausenbourg ; 17° la *Croatie-Esclavonie*, chef-lieu Agram. Le territoire de l'ancienne province des Confins Militaires, jadis soumise à un régime particulier, est aujourd'hui réparti entre les précédentes; 18° la petite province et la ville de *Fiume*, port important sur l'Adriatique.

III. ÉTATS DU SUD.

VINGT-SEPTIÈME LEÇON.

59. Les États du Sud de l'Europe occupent les trois péninsules hispanique, italique et hellénique baignées par la Méditerranée.

1° *Espagne et Portugal.*

La Péninsule hispaniqne renferme deux États : le Portugal et l'Espagne (voir la carte 11 : ESPAGNE ET PORTUGAL.) Le ROYAUME DE PORTUGAL a pour limites : au nord et à l'est l'*Espagne*; au sud et à l'ouest l'*océan Atlantique* entre les embouchures du Minho et de la Guadiana.

Il est divisé en 17 districts répartis entre sept anciennes provinces dont les noms sont encore très-usités :

3 au nord : 1° *Minho*, chef-lieu Braga ; 2° *Douro*, chef-lieu Oporto ; 3° *Tras-os-Montes*, chef-lieu Bragance.

2 au centre : 4° *Beïra*, chef-lieu Coïmbre ; 5° *Estramadure*, chef-lieu LISBONNE, capitale du royaume (225,000 habitants). Cette ville (voir le plan dans la carte d'Espagne et Portugal et la figure 13) est bâtie en amphithéâtre sur la rive droite du Tage qui s'élargit en cet endroit pour former le port de Lisbonne, véritable bras de l'Océan dit « la mer de Paille » et où plus de 1,000 vaisseaux pourraient manœuvrer ; l'embouchure se rétrécit au-des-

sous de Lisbonne en un canal profond et facile à défendre. Lisbonne fut presque détruite par le tremblement de terre de 1755 qui fit périr 30,000 personnes.

2 provinces au sud : 6° l'*Alemtejo*, chef-lieu Evora; 7° *Algarves*, chef-lieu Faro.

60. L'Espagne, plus étendue, est bornée au nord par le *golfe de Gascogne*, par la *Bidassoa* et les Pyrénées qui la séparent de la France; à l'est par la *Méditerranée;* au sud

Fig. 13. — Vue de Lisbonne.

par le *détroit de Gibraltar;* à l'ouest par l'*océan Atlantique* et le Portugal.

Elle est divisée en 49 provinces civiles, analogues aux départements français et réparties entre 11 anciennes grandes provinces dont les noms sont encore en usage comme indiquant les capitaineries-générales ou divisions militaires.

5° Sont situées au nord :

1° *Galice*, chef-lieu la Corogne; 2° *Vieille-Castille-et-*

Léon, chef-lieu Burgos; 3° les *Provinces Basques* et la *Navarre* sur la frontière de France, chef-lieu Pampelune; 4° l'*Aragon*, chef-lieu Saragosse, grande ville sur l'Ebre; 5° la *Catalogne*, chef-lieu Barcelone, la seconde ville d'Espagne par sa population (180,000 habitants) et la première par son industrie et son commerce.

2 provinces à l'est :

6° Les *Baléares*, chef-lieu Palma dans l'île Majorque;

Fig. 14 — Vue de Madrid.

7° *Valence-et-Murcie*, chef-lieu Valence célèbre par la beauté de son climat et la fertilité de ses environs appelés la *Huerta* (Hortus) ou le *Jardin de Valence*.

2 provinces au sud :

8° *Province de Grenade*, chef-lieu Grenade la dernière capitale des rois arabes en Espagne, avec de beaux palais bâtis par ces princes, l'Alhambra et le Généralife; 9° l'*Andalousie*, chef-lieu Séville sur le Guadalquivir; ville principale Cordoue, la première capitale des Califes ou souverains arabes d'Espagne; Cadix fondée par les

Phéniciens dans une île voisine de la côte et aujourd'hui encore le principal port de commerce au sud.

1 province à l'ouest : 10° l'*Estramadure*, chef-lieu Badajoz :

1 au centre : 11° *Nouvelle-Castille*, chef-lieu MADRID, capitale du royaume (333,000 habitants). Cette ville est bâtie au centre du royaume et à une grande hauteur (663 mètres) sur le plateau central de Castille; aussi les environs sont-ils arides et monotones. On y remarque quelques beaux monuments, entre autres le palais du roi. (Voir le plan dans la carte d'Espagne et Portugal et a fig. 13 qui le représente.)

Dans les Pyrénées centrales, le *Val d'Andorre* forme une petite République placée sous la protection commune de la France et de l'Espagne. Au sud, la *forte place de* GIBRALTAR *qui commande le détroit appartient à l'Angleterre.*

2° *Italie.*

VINGT-HUITIÈME LEÇON.

61. Le ROYAUME D'ITALIE a pour limites: au nord et au nord-est les ALPES CENTRALES qui le séparent de la Suisse et de l'Autriche; à l'est l'*Adriatique*, le *Canal d'Otrante* et la *Mer Ionienne :* au sud et au sud-ouest la *Méditerranée;* à l'ouest les *Alpes occidentales* vers la France. (V. la carte 12 : ROYAUME D'ITALIE.)

Le royaume d'Italie n'existe que depuis seize ans. Jusqu'en 1861 l'Italie se composait de plusieurs États distincts qui se sont unis au royaume de Piémont ou de Sardaigne; la Vénétie fut cédée en 1866 par l'Autriche et les Italiens s'emparèrent en 1870 des Etats de l'Eglise. Aujourd'hui *ce royaume comprend toute la péninsule* (excepté le canton Suisse du Tessin et une partie du

Tyrol au sud des Alpes), *avec les îles de Sicile et de Sardaigne.*

Il est divisé en 69 *provinces* analogues à nos départements français et réparties entre 9 grandes régions historiques et géographiques.

4 sont situées au nord dans le bassin du Pô :

1° Le PIÉMONT, appelé ainsi de sa situation au pied des Alpes ; ville principale *Turin*, l'ancienne capitale du royaume de Sardaigne et du royaume d'Italie jusqu'en 1865 ; *Gênes*, grand port sur la Méditerranée et patrie de Christophe Colomb. 2° La LOMBARDIE, ville principale *Milan*, grande ville de forme presque circulaire, avec une cathédrale ou dôme célèbre par sa magnificence. Sa façade triangulaire est comme une dentelle de marbre, et sur le faîte se dresse une forêt d'aiguilles en marbre blanc dont la principale atteint 112 m. de hauteur ; plus de 3000 statues de marbre, dans les niches, dans les tours, sur les flèches, ornent ce curieux édifice. 3° La VÉNÉTIE, chef-lieu *Venise*, bâtie au milieu des lagunes de la Brenta sur 80 îles réunies par plus de 300 ponts ; elle est célèbre par ses monuments du moyen-âge, l'église et la place Saint-Marc, le palais ducal, et elle fut pendant plusieurs siècles la première puissance maritime et commerçante de l'Europe. 4° L'EMILIE, villes principales Parme et Modène, capitales d'anciens duchés de ce nom.

62. — 2 régions au centre :

5° La TOSCANE, ville principale *Florence*, capitale du royaume d'Italie de 1865 à 1870 ; cette ville située sur l'Arno fut presque aussi célèbre que Venise au moyen-âge par son industrie et ses monuments ; aux XVe et XVIe siècles elle mérita d'être appelée « l'Athènes de l'Italie » par la protection que les Médicis ses souverains, donnèrent aux lettres, aux sciences et aux arts dont elle renferme encore des merveilles dans ses riches musées ; *Livourne*, aujourd'hui l'une des grandes places de commerce de la Méditerranée ; de cette région dépend *l'île d'Elbe*, célèbre par ses mines de fer et par le séjour de Napoléon en 1814. 6° Les PROVINCES ROMAINES ou anciens ÉTATS DE L'ÉGLISE appelés « Romagne et Marches » sur l'Adriatique, « Ombrie et Campagne de Rome » dans le bassin du Tibre ; ville principale ROME, sur le Tibre (244,000 habitants), capitale actuelle du royaume d'Italie et séjour des Papes qui n'y exercent plus que l'autorité spirituelle.

Fig. 15. — Vue de Rome.

La ville moderne occupe à peine la moitié de l'emplacement de l'ancienne Rome (voir le plan dans la carte d'Italie) ; le sud-est presque désert renferme les plus belles ruines antiques, le *Colysée*, l'*arc de Constantin*, les *restes du Forum*, etc. Au nord-ouest, à côté de quelques monuments anciens comme le *Panthéon* d'Agrippa et la *Colonne Trajane*, sont les deux principaux édifices modernes : la BASILIQUE DE SAINT-PIERRE, la *plus vaste église de la Chrétienté*, précédée d'une belle place elliptique au centre de laquelle se dresse un obélisque ; l'église a 192 m. de longueur, 139 de large et la croix qui surmonte sa coupole est à 142 m. d'élévation. Auprès est le palais du *Vatican*, résidence des papes ; on y parvient par le pont et le *Château Saint-Ange* (voir la fig. 15 qui le représente) ancien tombeau d'Adrien transformé en forteresse.

3 régions au sud :

7° Les PROVINCES NAPOLITAINES, partie continentale de l'ancien Royaume des Deux-Siciles renversé en 1861 ; elles comprennent quatre parties distinctes : au nord le massif montagneux des *Abruzzes ;* à l'ouest la *Terre de Labour*, ancienne Campanie, ville principale *Naples* la ville la plus peuplée de la péninsule (449,000 habitants), voisine du Vésuve (§ 21) et bâtie au fond d'un golfe admirable par la beauté des sites et la douceur du climat ; à l'est la *Pouille* et au sud la *Calabre* formant les deux pointes de la péninsule. 8° La SICILE, chef-lieu *Palerme*, ville principale *Messine* sur le Phare ou détroit du même nom ; 9° la SARDAIGNE, chef-lieu *Cagliari.*

Au sud de la Sicile, la forte place de MALTE *appartient comme Gibraltar à l'Angleterre* et commande les deux bassins de la Méditerranée.

3° *Grèce et Turquie.*

VINGT-NEUVIEME LEÇON.

63. — Le ROYAUME DE GRÈCE est borné au nord par la Turquie; à l'ouest par la *Mer Ionienne ;* au sud par la *Méditerranée;* à l'est par l'*Archipel.* (Voir la carte 13 : TURQUIE ET GRÈCE.)

Depuis l'annexion des îles Ioniennes que lui a cédées l'Angleterre en 1863, il est divisé en 13 provinces ou *nomarchies* portant les noms que ces pays avaient dans l'antiquité.

Trois provinces sont situées dans la partie continentale ou HELLADE proprement dite, au nord de l'Isthme de Corinthe : 1° *Attique et Béotie*, capitale ATHÈNES ; bombardée par les Vénitiens en 1687 et presque ruinée en 1827 par les Turcs, elle n'a plus que des débris de ses magnifiques monuments : le *Parthénon* ou temple de Minerve et les *Propylées* sur l'Acropole ou la citadelle, dans l'intérieur les ruines de l'Odéon et le *Temple de Thésée*, le monument le mieux conservé et l'un des plus parfaits de l'art antique. Le Pirée éloigné de 7 kil. est toujours le port d'Athènes. 2° *Phthiotide et Phocide*, chef-lieu Lamia ; 3° *Acarnanie et Étolie*, chef-lieu Missolonghi.

5 provinces dans la presqu'île de Morée, l'ancien Péloponèse :

4° *Argolide et Corinthie*, chef-lieu Nauplie ; 5° *Achaïe et Elide*, chef-lieu Patras ; 6° *Arcadie*, chef-lieu Tripolitza ; 7° *Messénie*, chef-lieu Calamata ; 8° *Laconie*, chef-lieu Sparte.

Les 5 autres provinces sont formées des îles : L'*Eubée* ou Négrepont, les *Cyclades*, les *Iles Ioniennes*, ville principale Corfou.

64. — La TURQUIE OU EMPIRE OTTOMAN a pour limites : au nord les *Carpathes*, le *Danube*, la *Save*, et les *Alpes Dinariques* qui la séparent de l'Autriche ; à l'ouest la *Mer Adriatique* et le *canal d'Otrante ;* au sud la Grèce ; à l'est l'*Archipel*, le *détroit des Dardanelles*, la *Mer de Marmara*, le *Bosphore*, la *Mer Noire* et la Russie.

Elle se divise en deux parties politiques distinctes : 1° le territoire directement gouverné par le sultan des Turcs : 2° les Principautés vassales gouvernées par leurs princes indigènes, mais payant tribut au sultan.

Le territoire direct se partage en *Vilayets* et *Eyalets* ou gouvernements généraux dont les principaux sont :

A l'est, CONSTANTINOPLE, capitale de l'Empire dans une admirable position à l'entrée du Bosphore, entre la mer de Marmara et la mer Noire, entre l'Europe et l'Asie. C'est l'ancienne Byzance appelée Constantinople par Constantin quand il y transporta le siége de l'empire Romain. Elle demeura la capitale de celui d'Orient jusqu'ne 1453 où elle fut prise par les Turcs Ottomans. C'est la sixième ville d'Europe par sa population de 600,000 habitants. Elle est divisée en trois parties par le Bosphore et la Corne

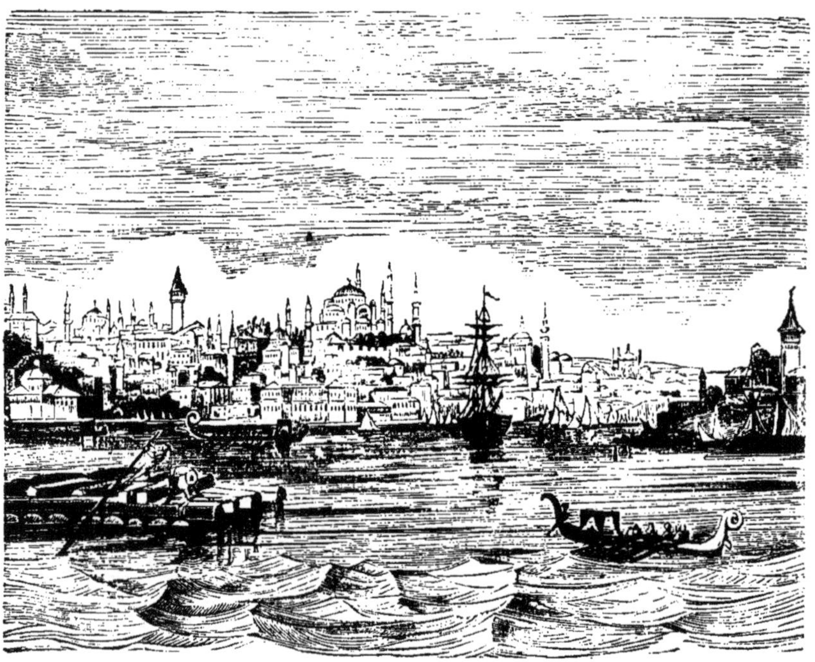

Fig. 16. — Vue de Constantinople.

d'or (voir le plan dans la carte TURQUIE ET GRÈCE) : au sud *Stamboul* ou la ville turque proprement dite ; au nord les faubourgs de *Pera* et de *Galata* habités par les Européens que les Orientaux appellent du nom général de Francs à cause du renom acquis par la France en Orient au moment des croisades ; à l'est sur la côte d'Asie, *Scutari*, la nécropole de Constantinople. L'aspect de la ville est admirable du côté de la mer par l'effet des palais bâtis en amphithéâtre et des mosquées couronnées de minarets ou flèches aiguës (voir la fig. 16).

Le *vilayet d'Erdiné*, chef-lieu Edirné ou Andrinople, la seconde ville de l'empire, sur la Maritza; l'EYALET *de* SÉLANIK, chef-lieu Sélanik ou Thessalonique, bon port sur l'Archipel ; la province de *Roumélie orientale*, chef-lieu Philippopoli.

Au sud, les *eyalets de Tirkhala* et de *Janina* avec des chefs-lieux du même nom [1].

A l'ouest le *vilayet de Bosnie,* chef-lieu Bosna-Seraï [2].

Au sud les *eyalets des îles*, chef-lieu Rhodes, et de *Candie.* La principauté tributaire est celle de BULGARIE, chef-lieu Tirnovai, villes principales Sophia et Varna.

65. Les Principautés danubiennes sont au nombre de trois :

1° Le *Monténégro* à l'ouest, capitale Cetinjé;

2° La SERVIE au nord; capitale *Belgrade* au confluent du Danube et de la Save;

3° La ROUMANIE, appelée ainsi des anciens colons Romains que Trajan transporta dans ce pays quand il conquit la Dacie ; leur langue est encore très rapprochée du latin. Cette principauté est formée de deux provinces anciennement séparées de Valachie et de Moldavie : capitale *Bucarest* (voir le plan dans la carte).

IV. ÉTATS DU NORD-EST.

1° *Russie.*

TRENTIÈME LEÇON.

66. L'EMPIRE DE RUSSIE a pour limites : au nord l'*Océan glacial;* à l'est les *monts Ourals*, le fleuve *Oural* et la *Caspienne;* au sud le *Caucase* et la *mer Noire;* à l'ouest la Roumanie, l'Autriche et la Prusse, la *Baltique*, la Suède dont elle est séparée par la *Tornéa* et la Norvège (voir la carte 14 : RUSSIE).

C'est LE PLUS VASTE ÉTAT DE L'EUROPE, *dont il comprend plus de la moitié de la superficie totale.* Il est *divisé en près*

1. Ce sont ceux qui doivent être cédés à la Grèce.
2. Il est occupé militairement et administré par l'Autriche depuis 1878.

de 80 *gouvernements et provinces*, répartis entre 9 grandes régions géographiques et historiques :

Fig. 17.

1° Les PROVINCES DE LA BALTIQUE, ville principale SAINT-PÉTERSBOURG, la capitale de l'Empire (667,000 habitants), bâtie sur la Néva par Pierre-le-Grand en 1703. Elle est de forme à peu près circulaire (voir fig. 17 le plan de cette ville) et coupée par des canaux avec de vastes quais revêtus de granit; elle renferme de beaux monuments : les palais impériaux, celui de l'Amirauté, l'église de Saint-Isaac et la statue équestre de Pierre-le-Grand, œuvre du sculpteur français Falconet (voir fig. 18).

2° La FINLANDE, chef-lieu Helsingfors.

3° La GRANDE RUSSIE ou MOSCOVIE, comprenant tout le nord et le centre de l'Empire : ville principale Moscou, l'ancienne capitale, baignée par la Moskowa sur les bords de laquelle est la forteresse du Kremlin que la ville propre et les faubourgs enveloppent comme d'un triple cercle (voir le plan dans la carte de Russie); les Russes en brûlèrent une partie en 1812 au moment où les Français y pénétraient.

4° La PETITE RUSSIE ou UKRAINE, région fertile dans le bassin moyen du Dnieper : ville principale *Kiew* sur le fleuve, et la première capitale des Russes avant Moscou.

5° et 6° Les PROVINCES POLONAISES, avec la RUSSIE OCCIDENTALE, parties de l'ancien royaume de Pologne; ville principale *Varsovie* l'ancienne capitale du royaume, sur la rive gauche de la Vistule avec le faubourg de Praga sur la rive droite (voir le plan dans la carte de Russie).

7° La Russie méridionale, ville principale *Odessa* sur la mer Noire, le plus grand marché de céréales de l'Europe ; *Sébastopol*, port de guerre célèbre, en Crimée.

8. La Russie orientale, ville principale *Kazan* au milieu du cours du Volga, et *Astrakan* près de l'embouchure de ce fleuve dans la Caspienne.

Fig. 18. — Vue de Saint-Pétersbourg en hiver.

9° Les provinces du Caucase, dont une partie est en Asie ; chef-lieu *Tiflis*, au sud des montagnes.

TRENTE-UNIÈME LEÇON.

67. Les royaumes de Suède et de Norvége ont pour limites : au nord l'*océan Glacial ;* à l'est la *Tornéa*, qui les sépare de la Russie et la *Baltique ;* à l'ouest les détroits du *Sund*, du *Cattégat* et du *Skager-Rack* vers le Danemark, et la *mer du Nord*. Ils sont séparés à peu près par la chaîne des Alpes scandinaves (voir la carte 15 : États scandinaves).

Ces deux royaumes ont une administration parfaitement distincte; mais ils sont gouvernés par le même souverain.

La *Suède est divisée en 24 provinces*, réparties entre trois grandes régions géographiques : *Gothie* au sud, *Suède propre* au centre, *Nordland* au nord ; capitale STOCKHOLM près de la Baltique, sur des canaux qu'y forme le lac Mœlar (voir le plan dans la carte) ; ville principale *Goteborg*, grande place de commerce à l'embouchure de la Gota dans le Cattegat.

La *Norvége est divisée en dix-sept bailliages* répartis entre trois grandes régions géographiques : *Sœndenfields* et *Nordenfields* au sud et au nord-ouest, *Nordlandens* au nord ; capitale CHRISTIANIA au fond d'une baie étroite formée par le Skager-Rack : villes principales *Bergen* et *Drontheim*, ports sur la mer du Nord, dans des fiords ou golfes allongés qui découpent cette côte.

68. Le royaume de Danemark, depuis les pertes que lui a fait subir la Prusse en 1864, a pour limites : à l'ouest la *mer du Nord*, au nord le *Skager-Rack* qui le sépare de la Norvége; à l'est le *Cattégat* et le *Sund* qui le séparent de la Suède ; au sud la Baltique et le Sleswig (province prussienne).

Il se compose de deux parties distinctes : au nord-ouest la *presqu'île de Jutland* dont la partie septentrionale est une île véritable; à l'est l'*Archipel Danois* formé de deux îles principales, *Sééland* entre le Sund et le grand Belt, *Fionie* entre le grand Belt et le Jutland. Ces côtes sont découpées comme celles de Norvége par des fiords; mais ces bras de mer s'y creusent entre des plaines basses, au lieu d'être encaissés entre de hautes montagnes.

Capitale COPENHAGUE (205,000 habitants), dans l'île de Sééland et sur le Sund; une partie de la ville est bâtie dans la petite île voisine d'Amager (voir le plan dans la carte) ; ville principale *Helsingor* ou Elseneur sur la partie la plus resserrée du Sund et où les navires acquittaient jadis un péage maintenant aboli.

Le Danemark possède au nord-ouest de l'Europe la grande île d'*Islande* (§ 34), chef-lieu Reikiavik.

TROISIÈME PARTIE

Géographie historique.

CHAPITRE V.

LES PAYS RIVERAINS DE LA MÉDITERRANÉE SITUÉS HORS DE L'EUROPE

TRENTE-DEUXIÈME LEÇON

69. La Méditerranée baigne les rivages méridionaux de l'Europe, l'Asie occidentale et le nord de l'Afrique. Dans ces deux dernières parties, se fondèrent des États importants de l'Histoire ancienne, le riche royaume de Lydie, les villes commerçantes de la Phénicie et la monarchie théocratique des Hébreux, le puissant empire d'Égypte et la grande république de Carthage. Il est utile de connaître la géographie de ces contrées pour comprendre la célébrité qu'elles ont eue dans l'antiquité.

DESCRIPTION SOMMAIRE DE L'ASIE MINEURE.

70. L'ASIE MINEURE présente les caractères généraux de l'Asie entière, longues chaînes de montagnes, plateaux élevés et lacs sans écoulement, vallées fertiles.

C'est une péninsule, baignée au sud par la MÉDITERRANÉE propre depuis le golfe profond d'Alexandrette (anc. golfe d'Issus) avec l'île de *Chypre;* à l'ouest, l'Archipel (mer Egée) avance dans les terres par beaucoup de baies étroites (golfe de Smyrne). Ensuite les *détroits des*

Dardanelles (Hellespont) et de *Constantinople* (bosphore de Thrace) conduisent dans la MER DE MARMARA (Propontide) et dans la MER NOIRE (Pont-Euxin). Celle-ci baigne un littoral moins découpé qu'à l'ouest et au sud, mais remarquable encore par quelques abris que la disposition des montagnes présente aux navires.

L'Asie Mineure est bornée au sud et à l'est par deux chaînes de montagnes: au sud le TAURUS qui offre des sommets de plus de 3,000 mètres et des défilés étroits appelés par les anciens *gorges de Cilicie* : au nord-est l'*Anti-Taurus*, beaucoup moins élevé, et se prolongeant jusqu'au massif d'Arménie.

Au nord, plusieurs chaînes bordent les côtes de la mer Noire. Entre les chaînes et le Taurus s'étend un plateau où se dresse à l'est le *mont Argée* jusqu'à 3,800 mètres; le Centre présente des lacs salés et des steppes stériles, le Nord-Ouest, de bons pâturages, l'Ouest se partage en plusieurs chaînes parallèles qui enferment des vallées fertiles. Elles découpent à leur extrémité ces péninsules qui dentellent pour ainsi dire, la côte de l'Asie Mineure, et dont les îles voisines *Rhodes*, *Samos*, *Chiod*, *Lesbos*, ne semblent être que des morceaux détachés.

De cette disposition des terres, il résulte que les fleuves sont peu étendus et presque innavigables. Le plus considérable, le *Kizil-Ermak* (anc. Halys), a toujours formé une limite politique importante entre l'ouest et l'est de l'Asie Mineure; il coule dans la mer Noire, ainsi que le *Sakaria* (Sangarius). A l'ouest l'Archipel reçoit le *Sarabat* (Hermus) et le *Mendérès* (Méandre), célèbres par leurs sinuosités, et dont les alluvions ont comblé en partie les golfes de Smyrne et de Milet à leurs embouchures.

71. L'Asie Mineure presque entière forma jusqu'au VIe siècle avant Jésus-Christ, le riche royaume de Lydie conquis par Cyrus, par Alexandre et sur les successeurs de ce prince, par les Romains. Comprise ensuite dans l'Empire d'Orient, elle fut soumise au XIVe siècle par les Turcs à qui elle appartient aujourd'hui. Mais ses villes importantes sont restées presque toutes les mêmes et sans changements de nom : *Trébizonde* et *Sinope*, les meilleurs ports de la Mer Noire (anc. provinces de Pont et de Paphlagonie) ; *Brousse*, l'ancienne Prusia de Bithynie, *Smyrne*, la seule des villes grecques de l'Ionie qui ait survécu aux invasions, grâce à l'excellence de son port.

Angora, l'ancienne Ancyre de Phrygie, sur les plateaux de l'intérieur ; *Konieh* (anc. Iconium), à l'entrée des défilés du Taurus.

Chypre est gouvernée depuis 1878 par l'Angleterre a qui elle assure la domination de la Méditerranée orientale, en face des bouches du Nil et du canal de Suez. C'est aussi l'Angleterre qui exploite les principales richesses de l'Asie-Mineure, les cuivres du Taurus, les laines et les soies d'Angora et de Brousse, les cotons des vallées de Sarabat et du Méandre où elle a construit des chemins de fer jusqu'au port de Smyrne.

TRENTE-TROISIÈME LEÇON

SYRIE ET PALESTINE

72. Le golfe d'Alexandrette et les gorges de Cilicie séparent l'Asie-Mineure de la SYRIE. Elle est bornée à l'Est et au Sud par une limite indécise, le *désert de Syrie* vers la vallée de l'Euphrate et les plateaux pierreux de l'Arabie ; à l'Ouest, par la **MÉDITERRANÉE** qui dessine une côte presque entièrement droite où se dresse au Sud le *promontoire du Carmel.*

Cette région est parcourue près de la Méditerranée par les deux chaînes parallèles du LIBAN et de l'*Anti-Liban*. Ces montagnes ne renferment plus que peu de ces cèdres qui les ont rendues célèbres. On y trouve surtout des forêts de mûriers et de frais pâturages; aussi fait-on un grand commerce de soies et de laines. Le Liban est le plus occidental et le plus élevé; un de ses sommets dépasse 3,000 mètres. L'Anti-Liban s'abaisse à l'est dans le désert de Syrie.

Cette disposition des montagnes partage la Syrie en trois régions naturelles : le littoral, les vallées, le plateau oriental.

73. Le *littoral* resserré entre le Liban et la mer, est arrosé par des ruisseaux qui le fertilisent. C'est l'ancienne PHÉNICIE avec les villes de *Tripoli*, de *Beirouth* aujourd'hui la principale, de *Sidon* et de *Tyr* maintenant déchues, de *Saint-Jean d'Acre :* au sud du Carmel, les villes de *Jaffa* et de *Gaza* dans l'ancien pays des Philistins.

Les vallées comprennent les bassins de deux petits fleuves, l'*Oronte* et le *Jourdain*, profondément encaissés entre les chaînes du Liban. L'Oronte coule au nord jusqu'au-dessous d'Antioche, aujourd'hui bien déchue de son ancienne splendeur. Le Jourdain bien plus célèbre, traverse au sud les *lac de Tibériade* ou de *Génésareth* avant de se perdre dans la *dépression de la* MER MORTE, *véritable gouffre inférieur de* 393 *mètres au niveau de la Méditerranée.* Il n'y a dans cette région d'autre ville remarquable que JÉRUSALEM, située au milieu des montagnes de Judée, prolongement du Liban occidental.

Le plateau oriental, presque désert, renferme cependant la belle *plaine de Damas* arrosée par des ruisseaux qui descendent de l'Anti-Liban. Mais ils se perdent bientôt dans des déserts de sables et de pierres qui s'inclinent vers Euphrate, ne présentant que de rares *oasis*, au centre celle de *Palmyre* avec d'admirables ruines, au nord celle d'Alep.

Toute cette région appartient aux Turcs qui l'ont divisée en *quatre gouvernements.* Trois correspondent à la Syrie propre : ceux d'*Alep*, de *Damas* et du *Liban*, ce dernier situé dans les hautes vallées centrales habitées par le peuple chrétien des Maronites : le *gouvernement de Jérusalem* comprend l'ancienne Palestine.

ÉGYPTE

74. La Palestine est unie par la plaine basse de l'isthme de Suez à un pays non moins célèbre, l'ÉGYPTE, avec laquelle commence l'Afrique.

L'*Égypte est un présent du Nil*, a dit l'historien grec Hérodote. C'est en effet le limon du fleuve qui a formé la vallée depuis la *première cataracte* au sud, qui sépare l'Égypte propre de la Nubie, jusqu'à la *Méditerranée* où il débouche par deux embouchures, celle de *Damiette* à l'est et celle de *Rosette* à l'ouest. Elles enferment l'espace triangulaire appelé le Delta, fertile comme jadis en céréales, et de plus, aujourd'hui, en coton et en cannes à sucre. La vallée jusqu'au Caire est resserrée entre les montagnes Arabiques à l'est, qui s'élèvent en hautes terrasses jusqu'à la *mer Rouge*, et les dunes du désert Libyque à l'Ouest.

Depuis la conquête faite par Cambyse en 525 avant Jésus-Christ, l'Égypte n'a jamais été indépendante, elle fut tour à tour soumise aux Perses, aux rois grecs après Alexandre, aux Romains, aux Arabes, enfin aux Turcs, qui la possèdent aujourd'hui. Elle forme une vice-royauté à demi indépendante dont le souverain paye tribut au sultan de Constantinople; et elle comprend, outre l'Égypte propre, presque tout le bassin du Nil, Nubie et Soudan égyptiens, avec toutes les côtes africaines de la mer Rouge.

75. Cap. LE CAIRE sur le Nil, la ville la plus peuplée de l'Afrique (349,000 hab.); v. pr. Alexandrie ; fondée par Alexandre le Grand à l'ouest du Nil et devenue aujourd'hui, comme dans l'antiquité, le grand entrepôt du commerce par la mer Rouge entre l'Europe et l'Inde.

C'est surtout par sa proximité de l'isthme de Suez qu'Alexandrie a pris une telle importance. Cet isthme, large d'environ 120 kilomètres, offre vers le centre deux dépressions appelées *lac Timsah* et *lacs Amers.* Un Français, M. DE LESSEPS, y a fait creuser un CANAL qui joint la Méditerranée à la mer Rouge *et évite aux vaisseaux la longue et périlleuse navigation autour de l'Afrique.* Il part de *Suez*, passe à *Ismaïlia* au centre de l'isthme et débouche à *Port-Saïd* dans la Méditerranée. Un grand nombre de canaux d'eau douce et de chemins de fer fertilisent le Delta et en transportent les produits.

TRENTE-QUATRIÈME LEÇON

76. A l'ouest d'Alexandrie, la côte africaine s'étend jusqu'à l'océan Atlantique sous le nom de CÔTE DE BARBARIE et mieux CÔTE DE BERBÉRIE, du nom des *Berbers*, ses anciens habitants. Elle se divise en deux régions naturelles bien distinctes : la Tripolitaine à l'est et à l'ouest la région de l'Atlas, appelée aussi *Maghreb* ou Occident.

On appelle ainsi la côte basse entre l'Égypte et le golfe de Gabès. C'est un rivage sablonneux dont les anciens disent qu'*on ne savait si c'était la terre ou la mer.* Ils l'appelaient *la côte des Syrtes* et ils y distinguaient deux golfes, la *grande Syrte* aujourd'hui *golfe de la Sidre* à l'est et la *petite Syrte* aujourd'hui *golfe de Gabès* à l'ouest. C'est une des parties les plus basses de l'Afrique ; aucune montagne n'arrête les sables du Sahara que les vents poussent à la mer, et même le fond du golfe de Gabès n'est séparé que par un isthme étroit d'une profonde dépression de fanges salines, inférieures sur quelques points au niveau de la Méditerranée. Cette côte basse n'est interrompue vers son milieu que par l'étroit *plateau de Barkah*, la Cyrénaïque des anciens, élevé d'environ 300 mètres.

Ce pays forme le PACHALIK DE TRIPOLI, gouverné par un pacha soumis directement au sultan de Constantinople. Cap. *Tripoli* sur la côte ; v. pr. Mourzouk, au centre d'une vaste oasis intérieure appelée le Fezzan, et passage des caravanes qui se rendent dans l'Afrique centrale.

RÉGION DE L'ATLAS

77. Depuis le golfe de Gabès jusqu'à l'océan Atlantique, la côte d'Afrique est rocheuse et renferme de bons ports, parce qu'elle est couverte par les ramifications de l'Atlas.

L'ATLAS est un ensemble de hauts plateaux bordés par des montagnes que l'on divise en deux chaînes principales : 1° L'ATLAS TELLIEN divisé en *petit Atlas* voisin de la mer et en *moyen Atlas* au centre ; 2° l'ATLAS SAHARIEN ou le *grand Atlas* au sud. C'est cette dernière chaîne qui renferme les plus hauts sommets, entre autre le *Miltsin* (près de 4,000 m.) au sud-ouest de la ville de Maroc.

Ces montagnes partagent tout ce pays en trois régions naturelles; le Tell, les plateaux, le Sahara.

78. Le *Tell*, ou partie cultivable, comprend la côte et l'Atlas Tellien, il est arrosé par beaucoup de cours d'eau, malheureusement innavigables à cause du terrain accidenté sur lequel ils coulent, mais servant à fertiliser le pays. Les trois principaux sont : à l'ouest, la *Moulouia*, l'ancienne Malva; au centre, le *Chéliff*, le plus grand fleuve de toute la région (500 kil.); à l'est la *Medjerdah*, l'ancien Bagradas qui débouche près de Tunis. Les vallées du Tell produisent des céréales, des légumes, des fruits, du coton : les montagnes sont couvertes de belles forêts d'orangers, d'oliviers, de chênes et renferment des mines de fer, de cuivre et de plomb. On pêche le corail sur la côte orientale, aux frontières de l'Algérie et de la Tunisie.

La *région des plateaux* est située entre l'Atlas Tellien et l'Atlas Saharien. Les eaux ne pouvant franchir ces hautes chaînes se réunissent à l'intérieur dans des lacs sans écoulement appelés *Chotts* ou *Sebkhas*. Il y a peu de culture, mais beaucoup de pâturages que parcourent les Arabes nomades ou *Bédouins* avec leurs troupeaux de moutons, de chevaux et de dromadaires.

La *région du Sahara* s'étend au sud de l'Atlas *Saharien* et renferme des *oasis*. Leur fertilité est due à des sources souterraines, qui permettent d'y planter des dattiers et d'y semer de l'orge. Ces oasis sont les étapes des caravanes qui se rendent dans l'Afrique centrale.

79. Cette région de l'Atlas est partagée entre trois pays politiques, la Tunisie, l'Algérie et le Maroc.

La TUNISIE, l'ancien pays de Carthage ou Afrique propre, est gouvernée par un bey qui reconnaît la suzeraineté, c'est-à-dire la puissance supérieure du sultan de Constantinople; mais il ne lui paye pas tribut, comme fait le vice-roi d'Égypte. Cap. *Tunis*, au fond d'une vaste baie, près des ruines de l'ancienne Carthage où la France a fait élever une chapelle en l'honneur de saint Louis, qui mourut en cet endroit (1270), lors de sa dernière croisade.

L'Algérie, ancienne Numidie, est une possession française depuis 1830. Elle est divisée en trois départements. À l'est celui de *Constantine*, à qui Philippeville sert de port; au centre, celui d'ALGER, cap. de toute la colonie; à l'ouest celui d'*Oran*.

Le MAROC, ancienne Mauritanie, est un état tout à fait indépendant. Cap. FEZ : v. pr. *Maroc*, au sud; v. pr. *Tanger* au nord, sur le détroit de Gibraltar et centre des relations des étrangers avec le pays. La ville de Ceuta, située en face de Gibraltar, appartient à l'Espagne.

FIN DE LA CLASSE DE SIXIÈME

TABLE DES MATIÈRES

Sceaux. — Imp. Charaire et fils.

www.ingramcontent.com/pod-product-compliance
Ingram Content Group UK Ltd.
Pitfield, Milton Keynes, MK11 3LW, UK
UKHW020607180726
13838UKWH00001B/477